SANTO É O SEU NOME

**Conheça
nossos clubes**

**Conheça
nosso site**

@editoraquadrante
@editoraquadrante
@quadranteeditora
Quadrante

Título original
Holy Is His Name: The Transforming Power of God's Holiness in Scripture

©2022 Scott Hahn
©2022 Emmaus Road Publishing

Capa
Gabriela Haeitmann

Dados Internacionais de Catalogação na Publicação (CIP)

Hahn, Scott
Santo é Seu nome: O poder transformador da santidade divina nas Escrituras / Scott Hahn – 1ª ed. – São Paulo: Quadrante Editora, 2024.

ISBN: 978-85-7465-618-2

1. Igreja Católica - Doutrinas 2. Igreja Católica - Costumes e práticas 3. Vida espiritual - Cristianismo I. Título

CDD–282

Índices para catálogo sistemático:
1. Vida católica : Costumes e suas raízes bíblicas : Cristianismo 282

Todos os direitos reservados a
QUADRANTE EDITORA
Rua Bernardo da Veiga, 47 - Tel.: 3873-2270
CEP 01252-020 - São Paulo - SP
www.quadrante.com.br / atendimento@quadrante.com.br

Scott Hahn
SANTO É O SEU NOME

O poder transformador da
santidade divina nas Escrituras

Tradução
Igor Barbosa

Sumário

Apresentação	11
Prefácio	15
CAPÍTULO 1 Você não precisa só de amor	19
CAPÍTULO 2 A gênese da santidade	31
CAPÍTULO 3 A explosão de santidade	43
CAPÍTULO 4 Santidade no Reino	55
CAPÍTULO 5 Todos santos? Nem tanto	71
CAPÍTULO 6 Santidade nos profetas	83
CAPÍTULO 7 A santidade pessoal	95
CAPÍTULO 8 Tornando-nos santos, tornando-nos "deuses"	107
CAPÍTULO 9 O corpo da santidade	121

CAPÍTULO 10
Santidade à maneira dEle 133

CAPÍTULO 11
Santidade e sacerdócio 145

CAPÍTULO 12
Santidade em Hebreus 157

CAPÍTULO 13
A santidade hoje 173

APÊNDICE
"Santos" nos livros deuterocanônicos 187

Para o Pe. Jeremiah Hahn, no aniversário de sua ordenação sacerdotal.

Porque realizou em mim maravilhas aquele que é poderoso e cujo nome é Santo.

— Lc 1, 49

Apresentação

Santo é o seu nome é um vinho de safra mais antiga, oriundo do extenso vinhedo intelectual de Scott Hahn. Seu tema, a santidade, é ao mesmo tempo muito específico (na verdade, a essência da santidade se assemelha ao que Deus tem de mais singular) e muito universal, tanto no sentido do "chamamento universal à santidade" (*Lumen gentium*, capítulo V) como no sentido de que toda a história da salvação da Bíblia está centrada nele. Ninguém está mais qualificado do que Scott Hahn para abrir esse baú do tesouro bíblico para que nós, católicos leigos comuns, o admiremos, compreendamos e, pondo-o em prática, sejamos transformados.

Tal como a própria Escritura, e tal como a própria vida, este livro a todo momento identifica qualidades paradoxais que costumam ser mutuamente excludentes. Identifiquei pelo menos cinco delas. E certamente há muitas mais.

1. A primeira é a simultânea transcendência e imanência, sacralidade e secularidade, sobrenaturalidade e intramundanidade, da santidade, tanto em Deus como no homem. Este livro põe as nossas frágeis e pequenas tentativas individuais de ser santos no contexto bíblico (isto é, no contexto maior, real e divinamente revelado) de milhares de anos de história providencialmente planejada pela Mente de Deus, o maior dos artistas e dramaturgos, narrador da "maior história já contada". Um dos grandes títulos de livro do século XX foi *Seu Deus*

é pequeno demais, de J. B. Phillips. *Santo é o seu nome* mostra-nos que a nossa compreensão da história da santidade (ou seja, da história de Deus) também é muito pequena. Um dos significados de "transcendência" é "sempre mais", e este livro nos mostra o que Hamlet lembrou a Horácio: que "há mais coisas entre o céu e a terra do que sonha a vã filosofia".

2. A segunda é a união entre unidade e diversidade no âmbito do "quadro geral", que é um só, e na infinidade de detalhes surpreendentemente diferentes nessa longa história de santidade. A revelação divina — a Escritura tal qual interpretada pela Tradição — são os dados do dr. Hahn e a teologia é a sua teoria, ou ciência, ou sabedoria; e, como em todas as ciências, a teoria ganha o respaldo dos dados, na medida em que ilumina e unifica todos eles. Se você deseja que toda a Bíblia, do Gênesis ao Apocalipse, ganhe vida e luz de uma maneira esclarecedora e inspiradora, leia este livro.

O livro nos mostra que a santidade é mais central na história do que pensamos. Não se trata apenas de um dos muitos atributos divinos ou uma das muitas virtudes humanas. Antes, é o eixo de toda a história da salvação, e a sua melhor definição é concreta e histórica, e não abstrata e lógica. A santidade não é apenas um dos muitos atributos divinos ou humanos, mas o centro e o sentido da história do homem. Este livro resume o enredo de toda a Bíblia! Afinal, diferentemente de outros livros religiosos, a Bíblia é uma história — na verdade, um romance, ainda que seja um romance muito estranho e surpreendente.

3. Uma terceira unificação é a do passado com o presente. Podemos ver tanto os nossos privilégios atuais (por exemplo, os Sacramentos) como as nossas crises atuais (a contínua descristianização da nossa cultura e as nossas derrotas nas "guerras culturais") à luz da nossa continuidade com o passado judaico-cristão, que "ganha vida" diante de nossos olhos como um animal adormecido desperto por uma lanterna. O animal, é claro, é Cristo, o "Tigre que brilha"[1]. Mesmo a sujeira e a poeira da história são levadas por essa grande "varredura" narrativa.

4. Uma quarta união é a que se dá entre teoria e prática. Como São Paulo, Santo Agostinho e São Tomás, o dr. Hahn não consegue nos dizer uma única verdade teológica ou histórica, mesmo sobre as coisas aparentemente mais obscuras, que não faça diferença em nossas vidas. (William James apontava como a pedra de toque da verdade essa característica de fazer a diferença.) Ver de forma diferente é ser diferente.

5. Cabeça e coração também se unificam — como em Agostinho, cujas imagens mostram, em uma das mãos, uma Bíblia aberta e, na outra, um coração em chamas. Mas este fogo, como a sarça ardente, não destrói nem consome. Os discípulos no caminho para Emaús disseram sobre Cristo: "Não se nos abrasava o coração, quando ele nos falava pelo caminho e nos explicava as Escrituras?" Esta é a razão pela qual este livro existe, e também a editora que o publica.

---

[1] Menção ao poema "The Tyger", de William Blake. [N. T.]

Se há um dom que Deus deseja que tenhamos; se existe um dom que devemos pedir que Deus dê a todos que amamos de verdade; se existe um dom que resume todos os outros dons, incluindo a própria felicidade, trata-se da santidade, tal qual mostrada neste livro e em todos os livros da Bíblia. Nada se compara a ela.

Peter Kreeft
2 de junho de 2022

Prefácio

Desde as primeiras lições de catequese, os católicos aprendem a valorizar a santidade — a admirá-la nos outros e a buscá-la nas próprias vidas.

Mas nunca nos dizem o que a santidade é de fato. Ouvimos e lemos as biografias dos santos, e notamos que a santidade é o elemento comum a todos. Com isso, cabe a cada um de nós tirar as próprias conclusões.

É interessante notar que o glossário do Catecismo da Igreja Católica não contém nenhum verbete intitulado "santidade" — embora a palavra apareça nas definições de outras cinco palavras!

Portanto, não temos definições. Temos impressões. Vemos que as pessoas santas fazem coisas boas e evitam fazer coisas ruins. Elas alimentam os pobres e acolhem os desabrigados. Às vezes são martirizadas porque se recusam a cumprir leis injustas.

Concluímos, então, que santidade é o mesmo que bondade, o mesmo que coragem, o mesmo que filantropia.

Mas envelhecemos e conhecemos vidas de santos como o irascível Jerônimo, o calculista Cirilo, o intolerante Epifânio ou o brusco Padre Pio. O seu comportamento, à primeira vista, destrói os nossos estereótipos de santidade. Descobrimos que nossos preconceitos estavam equivocados.

Podemos muito bem questionar se jamais chegamos a compreender a santidade, se ela realmente existe ou, caso exista, se vale a pena buscá-la.

No entanto, as pessoas em quem confiamos continuam a valorizar essa qualidade, seja ela o que for. Resta-nos dar de ombros e seguir em frente, sem compreender.

Isto é exatamente o que há de errado conosco — comigo, em particular, e com os católicos do nosso tempo em geral.

O grande abalo sísmico na Igreja do século passado foi o Concílio Vaticano II. Muitas pessoas discutem sobre os seus efeitos, mas o papa da época, São Paulo VI, deixou claro o seu sentido e a sua mensagem principal. O Concílio tratou do "chamado universal à santidade", frase destacada no título do capítulo 5 da Constituição Dogmática sobre a Igreja, *Lumen gentium*. Ali encontramos o seguinte apelo: "Todos os cristãos são, pois, chamados e obrigados a tender à santidade e perfeição do próprio estado."[1]

"Nos vários gêneros e ocupações da vida, é sempre a mesma a santidade",[2] afirma o documento.

Eis aqui algo obviamente importante para as nossas vidas e, no entanto, nem mesmo o Concílio Vaticano II — em nenhum de seus documentos — se aventurou a propor uma definição.

No entanto, o tema da santidade tem estado presente entre o povo de Deus desde o início da história registrada e, nos tempos modernos, passou por um profundo estudo antropológico. Deveríamos,

---

1 Constituição dogmática *Lumen gentium*, 42.
2 *Lumen gentium*, 41.

portanto, ser capazes de descobrir o que é, e nas páginas deste livro espero que o consigamos.

No artigo 2.809, o Catecismo sugere o que encontraremos ao longo do caminho, e trata-se de algo que atrai:

> A santidade de Deus é o foco inacessível do seu mistério eterno. Ao que dela se manifestou na criação e na história, a Escritura chama Glória, a irradiação da sua majestade (Sl 8; Is 6, 3). Ao fazer o homem "à sua imagem e semelhança" (Gn 1, 26), Deus "coroa-o de glória", mas, ao pecar, o homem é "privado da glória de Deus" (Sl 8, 5; Rm 3, 23; cf. Gn 1, 26). Desde então, Deus vai manifestar a sua santidade revelando e dando o seu nome, para restaurar o homem "à imagem do seu Criador" (Cl 3, 10).

A aposta é alta, e deveríamos sentir-nos plenamente motivados a iniciar nosso estudo. Mas eu prometo a você que não será um estudo maçante, pois este não é um tópico de interesse meramente acadêmico. É uma história — a história da sua vida e da minha. Começarei com a minha e, em seguida, passarei à nossa.

CAPÍTULO 1
Você não precisa só de amor

Tínhamos apenas catorze anos, mas já estávamos fartos de amor. Estávamos cansados de ouvir isso de nossos superiores — nossos professores e pregadores. O amor, ao que parecia, era o único tema sobre o qual falavam. Eles tinham sido jovens naqueles dias inebriantes de 1967, cujo tema fora o *Verão do amor* e cuja trilha sonora foi *All You Need Is Love*, dos Beatles. Em 1969, fizeram uma peregrinação a Woodstock, o festival de três dias cujo tema era paz e amor. Foi a geração deles que implorou ao mundo: "Faça amor, não faça guerra."

A geração deles, porém, não era a nossa geração. Hoje é comum agrupar anos tão distantes como 1946 e 1957 sob o âmbito do *baby boom* do pós-guerra, mas as etiquetas não são as mesmas, ou pelo menos não eram em 1972. Nós, crianças, como todo grupo de crianças, considerávamos nossos professores, com seus 26 anos, "velhos". Os seus ideais e preocupações pareciam distantes de nós. O "amor" deles parecia cansativo.

E cada vez mais escrevia-se "*luv*", como se a presença de uma quarta letra tornasse a palavra impossivelmente exigente e desnecessariamente difícil. A palavra abreviada parecia significar um afeto despreocupado — sincero, espontâneo e sentido —, mas sem qualquer conotação preocupante de esforço, formalidade ou costume.

Ora, não é minha intenção passar do ponto. O planeta nunca para de girar em torno do seu eixo imaginário, e cada nova geração de adolescentes sorri e revira os olhos para os comportamentos de seus professores. Alguns anos depois, também chegaria a nossa vez.

Mas ainda não sabíamos disso, e por isso achávamos *cringe* quando aquela palavrinha surgia no púlpito ou no quadro-negro, e ela aparecia cada vez mais. A Guerra do Vietnã provocou o recrutamento militar — e com ele um profundo desejo dos jovens de obter pelo menos uma dispensa temporária. Professores e clérigos estavam isentos, e assim essas profissões tornaram-se muito atraentes, especialmente para aqueles que estavam inclinados à paz e *luv*.

Poderíamos optar por ignorar tais atitudes em nossas estrelas favoritas do *rock*. Na escola e na igreja — no caso da minha família, uma igreja protestante tradicional —, nos restava suportá-la. Meus colegas e eu zombávamos daquilo, dizendo *luv, luv, luv.*

Infelizmente, minha rebelião pessoal não se limitou a isso. A adolescência é difícil para a maioria das crianças, e eu dificultei a minha, cultivando o hábito de cometer crimes irrelevantes, que gradualmente se tornaram menos irrelevantes. Em pouco tempo eu estava incendiando terrenos, roubando discos das lojas, experimentando drogas. Certa vez, fui pego... e descobri que minha vida teria de mudar. Na audiência. O juiz deixou isso bem claro: seria compassivo porque eu parecia ser um garoto inteligente e de boa família. Ele acreditava que eu merecia uma chance. Mas deixou claro que seria uma única chance.

Eu não queria ir para a cadeia, pois alguns dos meus amigos tinham sido presos e passado por coisas terríveis. Por razões muito práticas, eu precisava mudar a minha vida e sabia que isso exigiria uma transformação em meu comportamento em relação à autoridade.

Comecei a levar a escola mais a sério. Esforcei-me mais para ouvir, estudar para as provas e entregar as tarefas no prazo. O juiz estava certo: eu era um garoto inteligente, então consegui fazer isso sem grande esforço. Também comecei a frequentar a igreja com minha família. Éramos presbiterianos, e nossa igreja, como a maioria das igrejas protestantes não pentecostais na região, tendia à esquerda naquela época. A guerra dominara os pensamentos da parte mais jovem do clero, e o seu contato com o movimento pacifista tornou-a tolerante a outros movimentos ligados ao anseio por mudança — alguns dos quais se afastaram da moral cristã tradicional.

* * *

Quanto mais eu tentava me conformar, mais ouvia falar de *luv, luv, luv*. Aguentei o máximo que pude. Eu não queria ir para a detenção juvenil.

Ainda no ensino médio, comecei a acompanhar amigos em programas noturnos e de fim de semana no

Centro de Estudos de Ligonier Valley, em Stahlstown, Pensilvânia, a cerca de uma hora de minha casa, o que se provou mais um avanço para mim.

O Centro de Estudos, como o chamávamos, tinha sido fundado havia pouco, em 1971, por uma jovem estrela em ascensão no mundo protestante reformado: R. C. Sproul.

Sproul frequentemente ministrava palestras que me deixavam impressionado: não eram nada parecidas com o que eu ouvia na escola ou na igreja, e nem pareciam palestras, pois Sproul era muito engraçado. E também muito dramático. Contando histórias, ele explicava pontos difíceis de filosofia, de teologia e das Escrituras.

Lembro-me em particular das suas palestras que, anos mais tarde, encontrariam forma canônica em seu livro *A santidade de Deus*, de 1985 — um best-seller e talvez a sua obra-prima. No tablado, ele se referiu ao trabalho de Rudolf Otto, um teólogo luterano alemão do início do século XX, mais conhecido por seu livro *O sagrado*. A categoria do "numinoso" apresentada por Otto ressoou em mim: eu havia experimentado o poder de Deus de maneiras estranhas e inexplicáveis, pois pudera sentir esse poder trazendo ordem e disciplina ao caos que minha vida havia sido. Senti que só restava me curvar diante do Todo-poderoso que condescendera em me salvar.

Otto havia falado da presença sagrada de Deus como *mysterium tremendum et fascinans* — um mistério que nos faz tremer, mas também nos fascina. Que nos atrai e nos repele. Pedro poderia dizer com toda a honestidade: "Senhor, estou pronto a ir contigo tanto para a prisão como para a morte" (Lc 22, 33), mas também: "Retira-te de mim, Senhor, porque sou um homem pecador" (Lc 5, 8).

Esse mistério dava sentido a muito do que eu estivera sentindo e vivenciando naquele momento. Ele me fazia desejar Deus profundamente, mas também me dava uma percepção aguçada de minhas próprias fraquezas e de minha propensão ao pecado. Para um adolescente, era algo salutar.

O Ligonier também era bastante diferente do que eu ouvia em todos os outros lugares. Na escola e nas igrejas tradicionais, ainda sofríamos de uma ressaca *hippie*. O "verão do amor" já havia passado, mas ainda era tudo de que falávamos. O mundo e até as igrejas continuaram nos dizendo: *luv, luv, luv*. R. C., no entanto, ecoava as Escrituras, que nos diziam: *Santo, Santo, Santo* (cf. Is 6, 3 e Ap 4, 8).

E não era um *show* de um homem só. R. C. convidava outros para falar. Sentíamo-nos como se no início de um grande momento — um movimento na história cristã. Estávamos recuperando o sentido da transcendência, da soberania, do mistério e do poder de Deus.

* * *

Embora eu ainda fosse uma criança, comecei a ler alguns livros bem maduros. Não queria só ouvir o que Sproul dizia; queria também ler os livros que ele lia. Peguei um exemplar de *O sagrado*, de Otto, e me debrucei sobre ele, tomando anotações que somavam páginas.

No capítulo 4, Otto tenta descrever a experiência da "humildade silenciosa, trêmula e muda da criatura na presença de — quem ou o quê? Na presença de algo que é um Mistério inexprimível e superior a todas as criaturas."[1] Ele citava trechos das Escrituras que retratam Deus como temível, feroz e poderoso. O Senhor dissera aos israelitas: "Enviarei diante de ti o meu terror, e semearei o pânico em todos os povos entre os quais chegares, e porei todos os teus inimigos em fuga diante de ti" (Ex 23, 27). E Jó implorara ao Senhor Deus: "Afasta de mim a tua mão, e põe um termo ao medo de teus terrores" (Jó 13, 21).

Nessas passagens, eu reconhecia algumas de minhas experiências. Não era preciso que me lembrassem de minha própria miséria. Eu não era um simples pecador; era um delinquente juvenil, declarado culpado de crimes reais. Tinha lembranças vívidas de estar diante de um juiz, tremendo e esperando ser esmagado pela força da justiça — apenas para me ver submerso numa inesperada misericórdia. A minha conversão aprofundou esse sentimento interior, tornando-me consciente do modelo celeste da justiça terrena; ao mesmo tempo, também me fez desejar conhecer esse modelo mais de perto.

Eu sabia que era indigno diante de Deus. Não precisava me esforçar para sentir que o *mysterium* era *tremendum et fascinans*. Havia conhecido a santidade de Deus — e seu poder e alteridade — em instantes fugazes, enquanto orava em meu quarto. Eu a

---

[1] Rudolf Otto, *The Idea of the Holy*, Oxford University Press, Nova York, 1958, p. 13.

experimentara em momentos de grande tristeza e grande gratidão. Percebera-a em momentos pontuais durante a leitura das Escrituras. E a apreendia, às vezes, quando ouvia aquelas palestras no Ligonier.

Um lugar em que não a experimentava, porém, era a igreja.

Não é que as pessoas de lá não fossem boas. Elas eram. Meus pais eram boas pessoas, meus irmãos também. Eles se preocupavam com a humanidade e cuidavam dos indivíduos. Pensavam globalmente e agiam localmente. Eram gentis e generosos. Via de regra, porém, não eram *religiosos* no sentido em que os primeiros reformadores protestantes tinham sido.

Martinho Lutero foi um homem que compreendia sua insignificância diante de Deus. Sua primeira conversão ocorreu durante uma tempestade, quando chovia torrencialmente e relâmpagos queimavam o chão no entorno. Diante de Deus, viu-se dominado pelo pavor — convenceu-se de que Deus havia liberado todos os poderes celestes como punição pelos muitos pecados de sua juventude. João Calvino ficou igualmente apavorado diante do Todo-poderoso, e Jonathan Edwards imaginou os pecadores como aranhas insignificantes lançadas no fogo enquanto suportavam a ira de Deus.

Em nossa igreja não falávamos muito sobre pecado — ou sobre Deus, na verdade, exceto para mencionar que ele era Amor e queria que amássemos uns aos outros. Tudo isso era verdade, mas não parecia ser toda a verdade. E aquelas experiências descritas por R. C. Sproul e Rudolf Otto? E quanto à minha experiência pessoal de Deus?

A Igreja Presbiteriana de Westminster era grande o suficiente para empregar vários pastores, os quais representavam um espectro de crenças e descrenças. Um falava sobre confissão de fé, enquanto outro duvidava abertamente da ressurreição e incentivava adolescentes a brincar com tabuleiros Ouija.

A minha igreja não desafiava as devoções da sociedade secular em sentido algum. Ela parecia apresentar o *ethos* secular — branco, americano, de classe média alta —, mas em termos mais enfáticos e com um verniz de justificação religiosa. Nos anos 1970, isso significava que ouvíamos muito sobre *luv, luv, luv*.

Mas mesmo naquela época esse não era um comportamento novo. Em 1937, o teólogo protestante H. Richard Niebuhr resumiu o credo tácito do cristianismo americano: "Um Deus sem ira que traz homens sem pecado para um Reino sem julgamento através dos ministérios de um Cristo sem Cruz."[2]

Na década de 1970, o número de membros nas igrejas tradicionais já estava em queda livre, e creio que foi por essa razão. Não havia nada de diferente — nada de transcendente, nenhuma *alteridade* — no Evangelho ao nosso estilo. A igreja não se diferenciava de nada mais na cidade. Após uma breve reflexão, muitas pessoas concluíam que ela

---

2 H. Richard Niebuhr, *The Kingdom of God in America*, Harper & Row, Nova York, 1959, p. 193.

era menos interessante, relevante ou inspiradora do que a participação real e direta no governo local ou em clubes cívicos filantrópicos.

Não é que faltasse bondade às congregações. É que a experiência carecia de santidade.

R. C. Sproul, no entanto, desafiava as pessoas a irem ao encontro da divindade em termos divinos. E eu estava respondendo com tudo o que tinha.

Esse Deus poderoso pegou esse adolescente rebelde e esse cristão apático e me fez tremer — e, por mais que tremesse com medo, ainda queria mais daquele Deus misterioso. Ele era avassalador; ainda assim, queria que Ele habitasse em mim. E queria que não fosse só meu, mas de todos. Queria que minha família e amigos conhecessem sua grandeza.

Nos anos seguintes, eu reconheceria esse medo como uma característica do amor. Naquela época, sabia apenas que esse amor não tinha nada a ver com o *luv* de que se falava na escola e na igreja.

Sproul e Otto chamavam isso de "santidade de Deus", e essa expressão estranha me pareceu ideal. Era uma expressão que não se encaixava em nenhuma outra circunstância que eu conhecia. Sugeria bondade, mas era mais do que bondade. Sugeria alteridade, mas causava um desejo de aproximação.

Foi algo que de repente passou a definir meu mundo, e algo que eu precisava entender.

* * *

Era o início de uma verdadeira busca religiosa para mim. O que havia começado como uma tentativa desesperada de impor ordem à minha vida tornara-se algo completamente diferente. Em algum lugar ao longo do caminho, encontrei Deus — não uma ideia sobre Deus, mas o próprio Deus —, e sua presença me dominou.

"Santidade" é a palavra usada por estudiosos e pregadores quando descrevem a admiração e até o terror inspirados por Deus em tais encontros. Conhecer os efeitos da santidade ajuda, mas eu queria mais: não queria apenas saber o que a santidade fazia; queria saber o que ela era. O que havia em Deus para provocar respostas e emoções tão extremas em nós, seres humanos? O quê, exatamente, era a santidade?

Há inúmeros comentários sobre a santidade, mas não é fácil encontrar definições. Até os dicionários teológicos me decepcionaram. Veja-se o que encontrei em um dos recursos mais respeitados da época, o *Interpreter's Dictionary of the Bible*:

> SANTIDADE: O "dom" que sustenta e permeia toda a religião: a marca distintiva e assinatura do divino. Mais do que qualquer outro termo, "santidade" dá expressão à natureza essencial do "sagrado". Deve, portanto, ser entendida não como um atributo entre outros atributos, mas como a realidade mais íntima com a qual todos os outros estão relacionados. Mesmo a soma de todos os atributos e atividades do sagrado é insuficiente para esgotar o seu significado, pois para quem experimentou a sua presença há sempre

um *plus*, um algo mais, que resiste à formulação ou definição.³

Depois disso, *sem jamais definir santidade*, o verbete passa a considerações etimológicas e sobre o uso e associações da palavra. Ao todo, o artigo ocupa dez páginas enormes em letras pequenas. Mas não traz qualquer definição.

O dicionário me dizia o que a santidade *não era*; como ela era; do que se diferenciava; a origem da palavra... mas não o que *era*.

Para isso, acreditei (como bom evangélico) que precisaria procurar nas páginas da Bíblia. E ainda hoje acredito nisso.

Não estou dizendo que houve algo extraordinário em minha experiência religiosa. Estou dizendo exatamente o contrário. O dicionário estava certo sobre este ponto: a santidade é uma qualidade "que sustenta e permeia toda a religião". Portanto, não há nada de único na minha história. Ela é universal. É a história de todos os que já sentiram o poder de Deus ou a própria fraqueza — ou, mais provavelmente, ambos ao mesmo tempo. É a história de todos os que já passaram por uma conversão ou um despertar.

---

3   J. Muilenburg, *The Interpreter's Dictionary of the Bible*, vol. 2, ed. G. A. Buttrick, Abingdon, Nova York, 1962, p. 616. Para uma explicação mais abrangente, cf. Mark C. Murphy, *Divine Holiness and Divine Action*. Oxford University Press, Oxford, 2021; Stephen C. Barton (ed.), *Holiness: Past and Present*, T&T Clark, Londres, 2003; David F. Wells, *God in the Whirlwind: How the Holy-Love of God Reorients Our World*, Crossway, Wheaton, 2014; Emmanuel Durand, OP, "God's Holiness: A Reappraisal of Transcendence", *Modern Theology* 34, n. 3, julho de 2018: pp. 419-33; Helmer Ringgren, "Qdš", no *Theological Dictionary of the Old Testament*, ed. G. Johannes Botterweck, Eerdmans, Grand Rapids, 2003, n. 12, pp. 521-45.

Este livro é o registro do que descobri em minha busca pela santidade de Deus. Ao longo do caminho, tornei-me católico. Não vou contar essa história aqui porque já a contei em muitos outros lugares.[4]

No entanto, a minha conversão provavelmente surgirá aqui e ali — apenas ocasionalmente, e espero que sem se intrometer, porque a verdade sobre a santidade é maior do que os fenômenos que ela provoca em mim ou em qualquer outra pessoa que tenha sido criada, chamada e redimida pelo Todo-poderoso. Esta verdade pode não estar no dicionário, mas você pode procurá-la nas Escrituras.

---

4 Ver Jonathan Fuqua e Daniel Strudwick (ed.), *By Strange Ways*. Ignatius Press, São Francisco, 2022; Scott Hahn e Kimberly Hahn, *Todos os caminhos levam a Roma*, Cléofas, Lorena, 2013; Scott Hahn, *O quarto cálice: desvendando o mistério da Última Ceia e da Cruz*, Quadrante, São Paulo, 2020.

CAPÍTULO 2

A gênese da santidade

Deus é o que não somos. Ele é imortal; nós temos de morrer. Ele não tem começo; nós comemoramos aniversários. Ele é eterno; nós vivemos no tempo, na história. Embora o livro do Gênesis afirme que fomos feitos à imagem de Deus, à sua semelhança (Gn 1, 26), somos muito mais diferentes de Deus do que semelhantes a Ele. Com efeito, se queremos crer nas Escrituras, devemos nos esforçar para encontrar as semelhanças que existem. Em que sentido podemos dizer que nos assemelhamos a um Ser imortal, sem origem, transcendente e perfeito?

Deus é totalmente outro. Sim, ele é o fundamento de todo ser. Ele é o criador de tudo o que existe, e isso significa que Ele existe à parte de todas as coisas criadas.

O sentido original de santidade é "alteridade". Nas Escrituras, a palavra traduzida como "santo" é *kadosh*, e esta é a raiz de outros termos que implicam separação. "Casamento", por exemplo, é *kiddushin* — não só porque é sagrado, mas porque no casamento um homem e uma mulher se tornam algo "separado" em razão de seu vínculo.[1] Eles passam a ser "outros" (isto é, assumem uma alteridade) em relação às suas famílias de origem, constituindo uma unidade distinta

---
[1] Jon D. Levenson, *The Love of God*, Princeton, Princeton University Press, 2016, pp. 90-142, em especial pp. 136-37.

dentro da sua aldeia ou tribo — embora ainda vivam dentro dessas sociedades maiores.

Deus, porém, é inteiramente distinto de sua criação. A palavra *kadosh* descreve esta qualidade de ser distinto e só se aplica propriamente a Deus e aos objetos associados a Ele. Quando os linguistas procuram palavras equivalentes em inglês — quando tentam definir a santidade em si mesma —, continuam a recorrer a termos como separação, diferença, alteridade, inigualabilidade. Tudo no mundo é alguma coisa. Apenas Deus simplesmente *é*, e isso inspira admiração nas criaturas que têm a capacidade de pensar sobre isso.

Deus também é único — e separado — de outras maneiras. Ele é todo-poderoso, onisciente e todo-bondoso. Qualquer um desses atributos parecerá avassalador para aqueles de nós cujos poderes, conhecimento e bondade são limitados. Na presença da absoluta alteridade de Deus, sentiremos profundamente a absoluta escassez de nossas qualidades.

É a alteridade de Deus — a sua total distinção em relação a nós — que faz com que as pessoas tremam de medo e admiração. Sua alteridade é o *mysterium tremendum et fascinans* descrito em seus efeitos por Rudolf Otto.

A qualidade divina — com a correspondente resposta humana — aparece em toda parte nas Escrituras. *Kadosh* e palavras derivadas de sua raiz figuram mais de oitocentas vezes no Antigo Testamento. O momento mais icônico é o encontro de Moisés com Deus na sarça ardente:

A gênese da santidade

> Moisés apascentava o rebanho de Jetro, seu sogro, sacerdote de Madiã. Um dia em que conduzira o rebanho para além do deserto, chegou até a montanha de Deus, Horeb. O anjo do Senhor apareceu-lhe numa chama (que saía) do meio a uma sarça. Moisés olhava: a sarça ardia, mas não se consumia. "Vou me aproximar — disse ele consigo — para contemplar esse extraordinário espetáculo, e saber por que a sarça não se consome." Vendo o Senhor que ele se aproximou para ver, chamou-o do meio da sarça: "Moisés, Moisés!" "Eis-me aqui!" — respondeu ele. E Deus: "Não te aproximes daqui. Tira as sandálias dos teus pés, porque o lugar em que te encontras é uma terra santa. Eu sou — ajuntou ele — o Deus de teu pai, o Deus de Abraão, o Deus de Isaac e o Deus de Jacó." Moisés escondeu o rosto, e não ousava olhar para Deus (Ex 3, 1-6).

O que Moisés vê é estranho. É diferente de qualquer fenômeno conhecido no mundo: uma sarça está queimando, mas não é consumida. Se alguma coisa na terra é "outra", é isso.

A princípio, Moisés é movido pela curiosidade. "Vou me aproximar para contemplar." Mas então uma voz lhe informa que a terra é "santa" e que é a presença de Deus que a santifica.

A curiosidade de Moisés desaparece, e ele fica cheio de temor e admiração.

Tudo ocorre de acordo com o padrão que aprendemos com Rudolf Otto e que ele, por sua vez, aprendeu nas Escrituras. É um padrão que também veremos ao explorar o cânone bíblico nas páginas deste livro.

Como afirmei, o encontro de Moisés é icônico. É um momento lembrado por todos, mas acontece um pouco tarde na narrativa da história da Salvação. Tem lugar no segundo livro da Bíblia, o Êxodo, e nessa altura a ideia de santidade, juntamente com a resposta humana correspondente, já existia havia algum tempo — na verdade, desde todo o período patriarcal.

* * *

A palavra *kadosh*, "santidade", faz sua estreia lexical na primeira página das Escrituras. O Gênesis, livro que inaugura o cânone bíblico, começa com o relato de como Deus criou "o céu e a terra" (Gn 1, 1). Dia após dia, conta a história, Deus construiu o cosmos, primeiro criando a luz e as trevas, depois o céu e o mar, depois as águas e a terra seca, depois as plantas e os animais e, finalmente, o homem e a mulher. A obra da criação ocupa seis dias na narrativa, os quais são bem desenvolvidos no capítulo 1.

No início do segundo capítulo, então, aparece a "santidade":

> E Deus acabou no sétimo dia a obra que tinha feito: e descansou no sétimo dia de toda a obra que tinha feito. E abençoou o dia sétimo, e o *santificou*, porque nele tinha cessado de toda a sua obra que, ao operar, tinha criado (Gn 2, 2-3).

Deus separou o sétimo dia e o abençoou. Então o dedicou a si mesmo em seu descanso. O verbo para esta ação é derivado de *kadosh*. Por isso o sétimo dia, o sábado, devia ser considerado santo: porque é especialmente preenchido por Deus.

Lemos esta passagem pelas lentes dos livros posteriores da Bíblia, e ela não nos parece nada demais. O livro do Êxodo, por exemplo, fala muito sobre a observância do sábado; e a regulamentação do sétimo dia desempenha um papel importante no drama da vida de Jesus.

No entanto, a passagem é notável, por muitas razões.

Primeiro porque representa o único exemplo de todo o Livro do Gênesis em que uma palavra derivada de *kadosh* é usada para descrever a santidade.[2] Embora na Bíblia, e especialmente no Antigo Testamento, haja abundantes aparições desta palavra e seus cognatos, Gênesis menciona a santidade apenas uma vez, precisamente neste versículo. Toda a história patriarcal decorre — em cinquenta capítulos — sem sequer uma segunda menção à palavra "santo", em qualquer uma das suas formas.

A narrativa do Gênesis aplica a palavra apenas na discussão do sétimo dia. Mas eis outra coisa estranha: em nenhum outro momento em Gênesis encontramos qualquer palavra sobre o sábado. Ele é "santificado" no capítulo 2, mas isso não leva a qualquer observância especial na época dos patriarcas. Perscrute o livro da época de Adão até a época de José e você não encontrará nenhuma menção explícita ao sábado.

---

2 Em Gênesis 38, 21-22, um derivado de *kadosh* aparece três vezes para descrever Tamar como uma prostituta ritualística. Ninguém jamais sugeriu que, neste ponto, a palavra deveria ser traduzida como "santa". É a exceção que confirma a regra.

A santidade ocupa o centro das atenções por um momento — um sábado — e depois desaparece.

Ao menos a palavra desaparece. Ao longo do Livro do Gênesis ainda encontramos os fenômenos associados à santidade. Jacó sonha com a escada dos anjos e acorda com uma profunda sensação da presença de Deus. Ele diz: "Em verdade, o Senhor está neste lugar, e eu não o sabia!" E, cheio de pavor, ajuntou: "Quão terrível é este lugar! É nada menos que a casa de Deus; é aqui, a porta do céu" (Gn 28, 16-17).

A palavra inglesa *awesome* perdeu um pouco de seu vigor devido ao uso excessivo e à ironia. Hoje em dia, os locutores esportivos usam-na para descrever uma jogada moderadamente impressionante; os anunciantes a usam para descrever ketchup e carros. Mas os sentimentos de Jacó em Betel são mais parecidos com um trauma. Outras versões traduzem a mesma palavra como *dreadful* (versão King James) ou *terrible* (Douay-Rheims). O patriarca fica impressionado com a experiência e é levado a consagrar o local e renomeá-lo. Reconhecemos em Jacó o temor e o tremor do encontro de Rudolf Otto com o numinoso.

Um sentimento apurado da própria indignidade acompanha a sensação da presença de Deus. Podemos ver isto também nas negociações de Abraão: quando o patriarca ousa desafiar o julgamento de Deus sobre a cidade de Sodoma, ele reconhece: "Não leveis a mal, se ainda ouso falar ao meu Senhor, embora seja eu pó e cinza" (Gn 18, 27).

Nestas passagens podemos reconhecer reações típicas à santidade de Deus. Em livros posteriores da Bíblia, a palavra "santo" apareceria em algum momento de cada um desses relatos. Abraão teria reconhecido expressamente a santidade de Deus ou Jacó teria declarado Betel um lugar santo. Em Gênesis, porém, isso não acontece.

A primeira aparição do termo ocorre no sétimo dia da criação, e é a única aparição.

O que há de tão santo no sábado, afinal? E, uma vez que o dia é santificado, por que nenhum dos patriarcas reconhece o fato e o marca como um dia santo, como faz o povo de Israel no livro seguinte?

Os antigos saberiam respondê-lo — enquanto nós, na era moderna, perdemos todas as pistas do texto.

* * *

O ato pelo qual as culturas antigas estabeleciam vínculos era a *aliança*.[3]

Na antiguidade, uma aliança era um vínculo, estabelecido por um juramento, de parentesco entre duas partes. Criava-se um relacionamento familiar onde antes não existia. O casamento era uma aliança: por seu poder, duas pessoas não relacionadas tornavam-se marido e mulher. A adoção era uma aliança; formava-se um vínculo

---

3 Scott Hahn e John Bergsma, "Covenant", em *The Oxford Encyclopedia of the Bible and Theology*, ed. Samuel E. Balentine, Nova York, Oxford University Press, 2015, vol. 1, pp. 151-66; Scott W. Hahn, *Kinship by Covenant: A Canonical Approach to the Fulfillment of God's Saving Promises*, New Haven, CT: Londres: Yale University Press, 2009, pp. 28-31; Levenson, *The Love of God*, pp. 22.

entre pais e filhos onde não havia relação biológica. O mesmo acontecia com um tratado entre tribos ou nações. Cada aliança impunha obrigações àqueles que entravam no relacionamento, e havia recompensas pelo cumprimento ou punições pelo fracasso.

Ao prestarem juramento juntos, as duas partes invocavam Deus como testemunha. Essa invocação dava à aliança a devida solenidade e o seu poder de vínculo. Todos os termos da aliança seriam agora, a pedido de ambas as partes, exigidos por Deus.

Mais uma vez, esses ou outros juramentos semelhantes foram a base de todas as sociedades antigas — hebraica, egípcia, babilônica, persa, grega, romana... Disso temos o testemunho de inscrições em pedra e de pergaminhos posteriores.

A própria Escritura também dá testemunho disso, embora de forma imperfeita na tradução para o vernáculo. Chamamos suas duas partes de "Antigo Testamento" e "Novo Testamento". Mas as palavras para "testamento" — *berith*, em hebraico; *diatheke*, em grego — são, nas próprias páginas das Escrituras, traduzidas como "aliança". Testamento é uma palavra limitada, aplicada principalmente à herança, no sentido de transmissão do legado material. Mas a aliança é abrangente, e a maioria das línguas modernas não tem uma palavra exata para traduzi-la.

Em uma aliança, o juramento é essencial. Deus se fazia presente ao ser invocado, e essa presença suscitava o *mysterium tremendum et fascinans*. Assim, o próprio título dos livros bíblicos — a *Aliança*, tanto a Antiga quanto a Nova — pretendia inspirar o temor santo e transmitir o poder civilizador e vivificante do seu conteúdo.

As Escrituras contam a história de muitas alianças humanas buscadas por homens, mas juramentadas diante de Deus. Seu enredo geral — a narrativa que une todos os livros de ambos os Testamentos — é a história das alianças de Deus com os seres humanos. A Igreja reconhece duas: a Antiga e a Nova. Mas a história da Antiga Aliança se estende por milênios, e a vemos sendo quebrada e renovada muitas vezes nos livros que conhecemos como Antigo Testamento.

Os antigos concordavam, porém, com que ela havia sido estabelecida na criação. O Livro do Gênesis deixa isso claro, à sua maneira arcaica, ao usar termos que seus primeiros ouvintes teriam entendido no sentido da aliança.

Por que Deus pronuncia sua bênção no sétimo dia, e por que esse dia é "santificado"? Por que ele é investido de uma santidade que o torna essencialmente diferente de todos os outros dias?

A resposta pode ser encontrada na palavra hebraica para sete: *sheva*. Esta palavra também sugere um juramento, e fazer um juramento era algo como "setificar-se". A primeira aliança entre os homens aparece em Gênesis 21 e envolve a troca de sete ovelhinhas; e, desde então, "deu-se àquele lugar o nome de Bersabeia,[4] porque ali ambos fizeram um juramento" (Gn 21, 31).[5]

---

4   "Poço do juramento".
5   Scott Hahn, *Swear to God: The Promise and Power of the Sacraments*, Nova York, Doubleday, 2004, pp. 100-115.

No clímax da criação, então, é o próprio Deus que estabelece a aliança em sua forma primordial. Ele abençoa o cosmos e cria um vínculo familiar com as criaturas especiais que fez à sua imagem e semelhança. Ao abençoar o sétimo dia, Deus firmou uma aliança com a humanidade.

Como todas as alianças posteriores, a história da criação tem um mediador: Adão. Tem um sinal: o sábado. E cria obrigações: Adão deveria servir como filho e vice-regente de Deus, com domínio sobre a terra. Caso cumpra os termos e condições da aliança, Adão desfrutará de recompensas; se fracassar, será punido.

É aqui que se inicia a história da humanidade. Tudo começa com uma aliança. Se não tivermos isso diante dos olhos, não entenderemos o resto da história. As alianças posteriores de Deus — com Noé, Abraão, Moisés e Davi — não fazem sentido se isoladas da santificação do sétimo dia. Todo juramento tira sua forma daquele momento, assim como toda relação familiar humana.

"Deus abençoou o sétimo dia e o santificou." Esta é a verdade que precedeu o pecado original. Deus compartilhou sua santidade com sua criação, e com ela veio paz, fecundidade e integridade.

O Catecismo da Igreja Católica confirma esse significado pactual da bênção original do sábado: "Assim, a revelação da criação é inseparável da revelação e da realização da Aliança de Deus, o Deus Único, com o seu povo. A criação é revelada como o primeiro passo para esta Aliança, como o testemunho primeiro e universal do amor onipotente de Deus" (n. 288).

Adão peca e viola a aliança, e as consequências são imediatas e duradouras. Homem e mulher viverão em discórdia com a natureza (cf. Gn 3, 16-19). O trabalho torna-se árduo. A terra parece resistir aos esforços humanos por enchê-la e submetê-la. O amor humano e a gravidez são acompanhados de dor e sofrimento.

Além disso, a própria menção à santidade — que tinha sido apenas brevemente apresentada — desaparece do registro das Escrituras, pelo menos ao longo do livro do Gênesis.

Gênesis é um livro de mistérios e enigmas. Como obra de arte literária, é a chave interpretativa para todas as outras obras-primas. É um prelúdio necessário para a história que se segue imediatamente: a história do Êxodo.

De acordo com a tradição antiga, os primeiros cinco livros da Bíblia — a Torá — são um todo integral. Eles contam uma história única e, em si mesma, completa, embora sua resolução só fosse chegar muito mais tarde, na plenitude dos tempos.[6]

Se quisermos compreender o significado bíblico de *santidade*, devemos primeiro recuperar a percepção da unidade literária da Torá. Esta não é uma antologia de cinco obras díspares, muito menos uma colcha de retalhos de leis de facções, tribos e ideologias rivais. Mesmo que tenha sido elaborada a partir de diversas fontes originais, não deixa de

---

[6] John H. Sailhamer, *The Pentateuch as Narrative: A Biblical-Theological Commentary*, Grand Rapids, Zondervan Academic, 1995.

ser o trabalho de um artista cuidadoso e deliberado. O Êxodo completa o Gênesis.[7]

A história da criação termina no sétimo dia, com o estabelecimento da aliança de Deus com a criação. Mas essa aliança só encontraria plena expressão com o Êxodo, quando Deus estabeleceu o seu santuário não só no tempo, mas também no espaço — e quando Deus tomou um povo, Israel, e o declarou santo e seu.

---

7 Ver P. J. Wiseman, *Ancient Records and the Structure of Genesis: A Case for Literary Unity*, Nashville: Thomas Nelson, 1985; John Bergsma e Jeffrey L. Morrow, *Murmuring against Moses: The Contentious History and Contested Future of Pentateuchal Studies*, Steubenville, Emmaus Academic Press, 2022.

CAPÍTULO 3

A explosão de santidade

O contraste entre Gênesis e Êxodo não poderia ser mais expressivo.

O livro do Gênesis é incomum entre os livros bíblicos porque nele a raiz da palavra *kadosh* — santo — aparece apenas uma vez. No Êxodo, porém, vemos uma verdadeira explosão de santidade.

Kadosh e suas variantes aparecem um total de 98 vezes, em 71 versículos — setenta vezes como substantivo, 28 vezes como verbo (o equivalente a "santificar" ou "consagrar"). Muitos dos substantivos têm força adjetiva quando traduzidos para a nossa língua; assim, "o lugar de santidade" se torna "o lugar santo". Se existe uma palavra característica do livro do Êxodo, é *kadosh* — santo —, uma palavra quase ausente no Gênesis.

Esta é uma mudança significativa e repentina. Lembremo-nos da continuidade literária entre os dois primeiros livros da Bíblia: Êxodo continua a história contada no Gênesis. O primeiro livro termina com a migração do povo hebreu para o Egito; o segundo começa com a escravização naquela terra estrangeira. A antiga tradição sustentava que os dois livros — na verdade, os cinco livros da Torá — foram escritos pela mesma mão. Era de se esperar que fossem semelhantes em sua visão de mundo e vocabulário. No entanto, temos aqui uma diferença tão evidente — e aparentemente tão importante — que exige uma investigação.

Insisto: é algo notável. Para os propósitos deste livro, devemos perguntar: o que significa?

* * *

Kadosh aparece pela primeira vez no Êxodo no capítulo 3, na famosa cena da sarça ardente. Moisés é instruído a tirar as sandálias porque a terra é "santa". E assim tudo começa. A palavra usada para descrever o sábado, no Gênesis, agora é aplicada a um pequeno pedaço de chão no Monte Horeb. A palavra usada no Gênesis para descrever um intervalo de tempo é agora usada para descrever uma pequena medida de espaço. A sarça ardente, como o sétimo dia, é santificada. É algo criado, dotado de uma qualidade peculiar a Deus: a santidade.

Na sarça ardente, Deus se manifesta de forma mais poderosa e próxima. O fenômeno é diferente dos diálogos de Abraão e dos sonhos de Jacó. No Horeb, a presença de Deus impõe obrigações imediatas ao homem que está ali. Ele deve manter certa distância e tirar o calçado. Podemos concluir que neste evento existe uma diferença qualitativa, uma diferença de magnitude. Deus se aproxima do homem de uma maneira nova e sem precedentes.

O arbusto não foi, de maneira alguma, o último objeto descrito como santo ou sagrado. Logo depois, os exemplos de *kadosh* e suas variantes começam a se multiplicar. Nas traduções em vernáculo, os adjetivos "santo", "sagrado" ou "consagrado" modificam uma ampla gama de objetos materiais:

assembleia (12, 16)
morada (15, 13)
sábado (16, 23)
nação (19, 6)
lugar (26, 33)
vestes (28, 2)
ofertas (28, 38)
presentes (28, 38)
diadema (29, 6)
pão (29, 32-33)
carne (29, 34)
altar (29, 37)
tenda (29, 44)
acessórios (30, 27-29)
sal (30, 35)
incenso (30, 37)
óleo (37, 29)
mobiliário (40, 9)

Algumas frases, como "lugar santo" e "vestes sagradas", aparecem muitas vezes (onze e nove, respectivamente). A maior concentração de termos sagrados está nos capítulos 28-31, na seção que trata dos apetrechos do culto.

O que todos esses itens têm em comum é o seu uso no culto sacrificial. Eles são *separados* para esse propósito, designados como "alheios", distintos de qualquer função comum.

Itens "de santidade" foram separados para o serviço de Deus e não deveriam ser empregados para qualquer outro propósito. As taças usadas para derramar libações, por exemplo (cf. Ex 25, 29), não poderiam ser utilizadas em nenhum banquete meramente humano, nem mesmo no casamento de um líder nacional ou tribal. Foram reservadas apenas para Deus — ou melhor, para Deus no encontro com o seu povo.

Isto se aplica especialmente ao que diz respeito ao objeto "santo" que é mencionado mais vezes no Êxodo: o lugar santo, o santuário, o tabernáculo. O santuário foi, do tempo do Êxodo em diante, o único lugar na terra onde se podiam oferecer sacrifícios legítimos. Em toda a terra, era um lugar único: a morada especial da presença de Deus. A adoração estava restrita geograficamente de um modo que os patriarcas não conheceram. No Gênesis, Abraão pudera estabelecer uma árvore (Gn 21, 23) como santuário. Jacó pudera ungir uma pedra (Gn 28, 18-22) para o mesmo propósito. Agora, porém, exigia-se que o povo de Deus fixasse os olhos num só lugar, e esse lugar era santo.

O santuário era o único lugar onde Deus poderia ser servido, e neste lugar apenas o seu povo escolhido poderia encontrá-lO. No livro do Êxodo vemos Deus adotando um povo como seu. Ele o separa da população entre a qual vive. Tira-o da terra do Egito. Reserva-o para um propósito especial na história. Coletivamente, eles serão seus filhos. Coletivamente, serão santos.

Seu meio de separá-los é a aliança — que nos leva de volta ao "sétimo dia" no livro do Gênesis.

A explosão de santidade

Como vimos no capítulo anterior, uma aliança é um vínculo de parentesco entre duas partes estabelecido por um juramento. No sétimo dia, Deus fez uma aliança com a criação, representada por Adão e Eva. Ao descansar no sétimo dia, Deus "setificou-se"; fez um juramento de fidelidade às suas criaturas. Porém, com sua desobediência, o casal primordial quebrou a aliança, e isso trouxe consequências catastróficas. Mais tarde, gradualmente, Deus começou a renovar a aliança: primeiro com a família de Noé e depois com a tribo de Abraão.

Agora, no Êxodo, Deus chama a si uma "nação santa" (Ex 19, 6) e, com ela, estabelece a sua aliança. Trata-se de uma aliança registrada em um livro (Ex 24, 7) e selada com sangue sacrificial (Ex 24, 8).[1]

Quando chega a hora de Deus selar a aliança, porém, ele retorna ao sinal de sua bênção original. O sinal da sua aliança com Israel é uma repetição do sinal da sua aliança primordial com a criação. Deus disse a Moisés: "Os israelitas guardarão o sábado, celebrando-o de idade em idade com um pacto perpétuo. Esse será um sinal perpétuo entre mim e os israelitas, porque o Senhor fez o céu e a terra em seis dias, e no sétimo dia ele cessou de trabalhar e descansou" (Ex 31, 16-17).

O que está acontecendo aqui? Por que a narrativa do Êxodo subitamente remonta ao dia

---

[1] John H. Walton, *Old Testament Theology for Christians: From Ancient Context to Enduring Belief*. Downers Grove, IVP Academic, 2017, p. 157: "A condição do sagrado identificava o relacionamento de Israel com seu Deus. A santidade era resultado da aliança, estava ilustrada na Torá, era uma condição essencial para Deus habitar entre o povo no templo e constituía a identidade de Israel como parceiro no propósito divino de trazer ordem ao cosmos."

santificado por Deus no final da narrativa da criação no Gênesis?

O rabino Joshua Berman, estudioso contemporâneo da Bíblia, resume a compreensão deste assunto entre os antigos israelitas.

Em determinado nível, a criação foi concluída no sábado. Num outro nível, porém, ela só foi verdadeiramente concluída quando foi concluída a construção do tabernáculo. As partes materiais do mundo físico foram concluídas no sexto dia da criação, mas o propósito final desses elementos — serem dedicados ao serviço de Deus — só se cumpre quando o santuário é edificado, para servir como um ponto focal universal para o culto a Deus.[2]

Assim, quando Deus faz a sua aliança com Moisés, está completando a criação. Neste momento Ele estabelece, no espaço, um santuário que corresponde ao seu santuário no tempo, que é o sábado.

E é também neste momento que ordena, pela primeira vez, a *observância* do sábado. No princípio, Deus descansou no sétimo dia. Mas agora Ele convida o seu povo escolhido a participar do seu descanso. Ele os ordena: "Lembra-te de santificar o dia de sábado" (Ex 20, 8), pois Deus "abençoou... e o consagrou" (Ex 20, 11).

Trata-se do fim de uma era e do início de outra. É o fim da era dos patriarcas e o início da era da lei.[3]

---

[2] Joshua Berman, *The Temple: Its Symbolism and Meaning Then and Now*, Northvale, Jason Aronson, 1995, p. 14.

[3] Cf. R. W. L. Moberly, *The Old Testament of the Old Testament: Patriarchal Narratives and Mosaic Yahwism*, Minneapolis, Fortress Press, 1992.

A explosão de santidade

É claro que existiam leis antes da época de Moisés. Em Gênesis 9, Deus emite mandamentos relacionados à sua aliança com Noé. Mais tarde, os rabinos discerniriam sete "Leis de Noé" no texto. As primeiras cinco proíbem a idolatria, a blasfêmia, o assassinato, o adultério e o roubo. A sexta exige a instituição de tribunais para a administração da justiça. A sétima proíbe a ingestão da carne cortada de um animal vivo. São preocupações principalmente éticas.[4]

A lei dada a Moisés, porém, é muito mais elaborada — e quase inteiramente dedicada ao culto digno. Sim, inclui muitos mandamentos relativos ao comportamento moral, mas mesmo estes são apresentados como preocupações litúrgicas. O povo deve viver e agir de uma forma que lhe permita manter a pureza e permanecer "santo" e digno de participar da adoração e da vida comum do povo escolhido por Deus.

* * *

No Livro do Êxodo, Deus dita — nos mínimos detalhes — a construção do tabernáculo, o "lugar de santidade". As peças que o comporão devem ser confeccionadas com os mais preciosos metais e as mais caras madeiras, cobertas com o melhor linho e redolentes de incenso preparado por profissionais qualificados, usando apenas ingredientes puros.

---

[4] Cf. David Novak, *The Image of the Non-Jew in Judaism: A Historical and Constructive Study of the Noahide Laws*, Biblioteca Littman da Civilização Judaica, Liverpool, Liverpool University Press, 2011.

Para as sensibilidades modernas, as instruções parecem absurdas — um tremendo exagero. Afinal, Deus é basta a si mesmo. Ele não precisa de nada. No entanto, parece tão impossível contentá-lO quanto seria ao mais detalhista dos hóspedes.

Não é que Deus precise do melhor de tudo. Somos nós que precisamos dar-Lhe o melhor de tudo, e tendemos a não querer fazer isso. A instituição do tabernáculo foi a maneira que Deus escolheu para fazer com que o povo da aliança concentrasse sua atenção. Havia, agora, um único ponto focal. A construção e ornamentação do tabernáculo representam a maneira de Deus manter o foco de Israel.

Talvez possamos compreender melhor esses mandamentos à luz da sarça ardente. A proximidade de Moisés não era uma ameaça para Deus, e também não havia nada essencialmente ofensivo em seu calçado. Mesmo assim, foi-lhe dito que os descalçasse e que não se aproximasse. Foi esta a maneira de Deus santificar aquele momento e aquele lugar. As instruções especiais visavam o bem de Moisés, e não de Deus. A própria visão da sarça ardente era um sinal implícito da presença e santidade divinas. Mas a ordem em voz alta deixou tudo explícito. A revelação, unida ao mandamento, conquistou inteiramente a atenção de Moisés.

Estabelecido no Monte Sinai, esse padrão é discernível em todo o resto do livro do Êxodo — na verdade, em toda a Torá. A adoração ritual compensa um déficit de atenção aparentemente natural à condição humana decaída. Os israelitas no Egito eram herdeiros de Abraão, Isaac e Jacó; e ainda assim, ao longo dos anos, foram primeiro distraídos e, depois, atraídos pelos costumes egípcios. Eles adotaram a moral egípcia e adoraram seus deuses. Não obstante, tentavam preservar a sua identidade e dignidade ancestrais. Estavam em profundo conflito.

No deserto, quando acharam o fardo da liberdade pesado demais, eles voltaram à idolatria e aos prazeres pecaminosos a que se haviam entregado quando escravos. Fizeram um bezerro de ouro e o adoraram com comes e bebes e com divertimentos (Ex 32, 1-6).

Tais eram os hábitos que Deus procurou superar por meio das leis rituais. Ele deu ordens que exigiam que o povo reservasse seus melhores esforços e bens materiais para Deus.

A adoração, para Israel, envolvia a oferta sacrificial de *primícias, primogênitos* dos rebanhos e animais *imaculados*. Lembremo-nos: não porque Deus fosse exigente, mas porque Israel — como todos os humanos caídos — tendia a preferir os dons da criação ao Concessor dos dons. Isso ocorreu durante a vida de Moisés e ainda ocorre hoje: quando as pessoas se recusam a oferecer o seu ouro e os seus bezerros, acabam por adorar alguma combinação de ambos.

O culto ritual, o culto litúrgico, tal qual prescrito no livro do Êxodo, faz com que a assembleia retire a atenção dos dons e a fixe naquele que distribui os dons. Se o povo nutria um amor doentio pelo ouro, passava a ver o objeto de seu amor subordinado a Deus. Se amavam luxos ou elegância, ou carnes nobres ou vinhos finos, viam tudo devolvido ao

Senhor como ação de graças. Não poderia haver dúvidas sobre o objeto que deveria ser adorado. A liturgia de Israel reunia todas as potências da natureza e da cultura e as colocava a serviço do Senhor.

Assim, as realidades naturais tornavam-se sinais — apontando do visível para o invisível, do terreno para o celestial. A religião no Êxodo tornou-se algo profundamente diferente da religião natural encontrada na história dos patriarcas. Pelos termos da aliança, a religião mosaica viu-se orientada, através de meios naturais, para o sobrenatural — do humano para o divino, do visível para o invisível.

* * *

No Êxodo, Deus revelou a sua santidade — a sua transcendência, a sua alteridade e o seu poder. Quando aparecia, era em meio a trovões e relâmpagos, nuvens e fogo. Ele não precisou fazer nenhum esforço para abrir o Mar Vermelho, e também revelou o seu nome, "Eu sou", confirmando a verdade contida no relato da criação: todos os seres dependem dele.[5]

Ele não manifestou seu poder para intimidar o povo com quem faria sua aliança; fez isso para que esse povo pudesse conhecê-lO de verdade — conhecê-lO como Ele realmente é.

---

5 Para um bom tratamento de Êxodo 3, 1-15, veja Emmanuel Durand, OP, "God's Holiness: A Reappraisal of Transcendence", em *Modern Theology* 34, n. 3 (julho de 2018), pp. 428-31.

O Êxodo revela algo paradoxal. Deus não se torna menos "alheio" quando se aproxima da humanidade. Ele é a sarça misteriosa que arde mas não se consome. Exige atos externos de reverência e despojamento daqueles que se aproximam. E, no entanto, nós, na pessoa de Moisés, nos sentimos atraídos. Deus é o *mysterium tremendum et fascinans*. Ficamos apavorados. A admiração nos paralisa e nos fascina.

Na sarça ardente, Moisés "escondeu o rosto, porque tinha medo de olhar para Deus" (Ex 3, 6). Trinta capítulos depois, porém, lemos que, passado algum tempo, "o Senhor se entretinha com Moisés face a face, como um homem fala com seu amigo" (Ex 33, 11).

Ao renovar a aliança com Deus, Israel concorda em viver com Deus no meio deles. Consente nas exigências da construção de um santuário terrestre digno de seu habitante divino.

No Gênesis, Deus se revela através de suas obras — a criação do cosmos, o chamado de Abraão, a eleição de Jacó. No Gênesis, Deus guia, instrui e lidera os patriarcas. No Êxodo, porém, divulga seu nome a Israel e mostra seu rosto a Moisés. No Êxodo, Deus passa a residir entre o seu povo — não como um deles (ainda não), mas com eles, em definitivo, no lugar santo.

A santidade faz a diferença. Torna-se agora uma realidade terrena, visível como o fogo e audível como o trovão, mas visível também, por associação, nas panelas e frigideiras, nos animais abatidos e nos tecidos para as tendas.

Israel chegou à santidade da mesma maneira — não por qualquer virtude natural ou conquistas particulares, mas por sua aliança com Deus. A aliança no Sinai separou Israel de todas as outras nações — e "separar", o ato de consagração, é o sentido radical de *kadosh*. No Êxodo, os filhos dos patriarcas tornaram-se "um reino de sacerdotes e uma nação consagrada" (Ex 19, 6).

A história do Êxodo não se limita ao livro que leva esse nome. A narrativa continua nos três livros restantes da Torá — Levítico, Números e Deuteronômio —, e todos se ocupam profundamente da santidade. Na verdade, o trecho do capítulo 17 a 26 do Levítico estão tão saturados da palavra *kadosh* e suas variações que os estudiosos modernos o chamam de "Código de Santidade".

A história da santidade estende-se para além dos cinco livros de Moisés. E assim devemos prosseguir em nosso estudo.

CAPÍTULO 4

Santidade no Reino

A historiografia muitas vezes reduz o significado do Êxodo a algum tema de proporções meramente humanas. É o tipo de coisa que acontece quando, no decorrer dos acontecimentos humanos, torna-se necessário, para um povo, dissolver as ligações políticas que o uniam a outro. Segundo essas leituras, o livro do Êxodo é uma declaração de independência, uma emancipação proclamada.

Mas o enredo real do livro não é tão simples. No primeiro apelo de Moisés ao Faraó, nem ele nem o Senhor Deus pediam a libertação. "Assim fala o Senhor, o Deus de Israel: Deixa ir o meu povo, para que me faça uma festa no deserto" (Ex 5, 1). Tudo o que Moisés pede — e tudo o que Deus quer — é a liberdade de celebrar a liturgia. O Faraó é inflexível, e sua recusa provoca intervenções divinas surpreendentes, inspiradoras e aterrorizantes: as pragas, a Páscoa, a divisão do Mar Vermelho e a revelação da lei em meio a sinais cósmicos, como trovões e fogo.

Com o Êxodo, Deus estabeleceu um povo escolhido, designado para o serviço divino — um povo santo. Entre eles habitaria o Senhor, e a sua presença seria a fonte e a prova da santidade do povo. Para os antigos rabinos, esta era a conclusão da criação.

Deus, para os hebreus, era transcendente. Ele era o próprio Ser; seu nome revelado era "Eu Sou". Sob um aspecto metafísico, Ele era onipresente, mas havia designado um lugar para ser o local de sua presença especial na terra.

Tratava-se da Arca da Aliança, que ficava no Santo dos Santos, que ficava no santuário, que ficava no tabernáculo (ou tenda), que ficava no meio do povo onde quer que estivessem acampados (Nm 2, 1-4).

Havia, portanto, anéis concêntricos de presença e santidade divinas, estendendo-se e retraindo gradualmente. Isso era perfeitamente conveniente para lembrar ao povo a reverência e o respeito que eram próprios da situação. Deus havia se unido a seu povo. Esse era um pensamento tranquilizador, pois seu poder os havia libertado das garras do rei mais poderoso da terra. Mas Ele também havia dado a conhecer a sua lei e o seu zelo — e estabelecera a pureza e a fidelidade como condições da sua presença, da sua proteção e do compartilhamento da sua santidade. Ao longo dos anos do Êxodo e dos séculos que se seguiram, Israel mostrou repetidamente que não estava disposto a permanecer puro ou fiel.

* * *

A Arca da Aliança era um santuário portátil projetado para guardar as tábuas de pedra dos Dez Mandamentos, junto com outras relíquias do Êxodo: a vara de Aarão, que florescera milagrosamente (Nm 17, 18-23), e um vaso de ouro contendo uma amostra do maná dado por Deus para alimentar os israelitas (Ex 16, 34).

Seguindo as especificações de Deus, a Arca tinha sido construída em madeira de acácia adornada com ouro. Sua tampa era um trono para o Todo-poderoso, seu "propiciatório", ladeado por imagens de dois querubins feitas em ouro. Esse detalhe é extremamente incomum, quase único na religião hebraica, que em princípio era anicônica — bastante resistente ao uso de imagens na adoração. No entanto, aqui o próprio Senhor Deus prescreveu o uso de esculturas a serem colocadas no epicentro de sua presença.

Além disso, essa imagética tinha implicações nada sutis. Os querubins pretendiam claramente evocar a terrível conclusão da história da criação: a expulsão de Adão e Eva do Jardim do Éden. Naquele momento, Deus "expulsou Adão, e pôs diante do jardim do Éden querubins brandindo uma espada de fogo, para guardar o caminho da árvore da vida" (Gn 3, 24). No Gênesis, Deus designa os querubins para guardar o santuário do jardim, evitando qualquer profanação futura.

A mensagem da Arca parece ser a de que Deus, ao habitar entre o seu povo, estava restaurando o Paraíso na terra. O Paraíso era agora, como antes, definido por sua santa presença. Os querubins estavam lá para compulsar a pureza exigida para a adoração.

Durante os anos de peregrinação nômade de Israel, a Arca foi transportada por sacerdotes da tribo de Levi (Dt 31, 9). Ela foi o instrumento de poder que fez o Jordão deter-se em favor de Josué (Js 3, 7-17), assim como o Mar Vermelho havia se aberto diante de Moisés. Além disso, a Arca foi levada à frente da procissão litúrgica que derrubou a muralha de Jericó (Js 6, 6-13).

Depois que os israelitas entraram na Terra Prometida, a Arca foi instalada em Gálgala (Js 4, 19 e 7, 6), depois em Silo (Js 18), depois em Betel (Jz 20, 27) e, depois, novamente em Siló (1 Sm 3, 3).

Ao se aproximar assim de Israel, Deus assumiu certos "riscos", porque o seu povo santo — como Adão e Eva antes dele — permanecia livre para fazer escolhas pecaminosas. Eles foram escolhidos, mas nunca forçados ou coagidos.

A Arca tinha laivos de grandeza. Era feita de ouro e da madeira mais refinada. Tratava-se de lembretes da santidade de Deus, da sua alteridade e do seu poder. No entanto, na Arca, Deus entrou no tempo de uma forma radicalmente humilde: tornou-se vulnerável. Quando Israel partia para a batalha, os levitas carregavam a Arca no meio das fileiras de soldados que avançavam. Na batalha de Afec, os filisteus derrotaram Israel e capturaram a Arca, levando-a para suas terras como troféu. Ao fazer isso, porém, acabaram por chamar a catástrofe sobre si. Sete meses de terremotos e pestes se passaram até que os filisteus finalmente devolveram a Arca, cheios de medo (1 Sm 5).

Durante todo este tempo, Israel foi governado por "juízes", líderes militares com poder carismático. "Naquele tempo não havia rei em Israel, e cada um fazia o que lhe parecia melhor" (Jz 17, 6 e 21, 25). Na época, essa governança descentralizada era singular. Todos os povos vizinhos tinham reis, mas Israel — durante séculos — teve Deus como seu governante.

Contudo, quando "cada um fazia o que parecia certo aos seus próprios olhos", podia haver problemas. O período dos juízes durou mais de três séculos e foi repleto de idolatria, negligência da lei e licenciosidade sexual. Às vezes, os próprios juízes eram injustos. Na verdade, muitos leitores — em todas as épocas, até a nossa — consideraram o tempo dos juízes como o mais horrível da história da salvação.

Por fim, cansado das injustiças perpetradas por juízes perversos, Israel procurou uma solução. Eles pediram ao profeta Samuel: "Dá-nos um rei que nos governe, como o têm todas as nações" (1 Sm 8, 5).

Ora, o desejo por um rei não era ruim em si. Deus havia prometido a Abraão e Sara que eles teriam descendentes reais: "farei nascer de ti nações e terás reis por descendentes" (Gn 17, 6; cf. também 17, 15-16). Duas gerações depois, Deus renovou a promessa a Jacó: "de teus rins sairão reis" (Gn 35, 11). E então, aos filhos de Jacó, o Senhor disse: "Não se apartará o cetro de Judá..." (Gn 49, 10). Assim, um israelita fiel poderia desejar e rezar pelo cumprimento destas promessas. Afinal de contas, o próprio Deus mencionara os reis como parte importante do destino particular de Israel.

Mas não foi essa a razão pela qual Israel clamou por um rei no tempo de Samuel. Eles queriam um rei para que pudessem ser "como todas as nações". Ao expressar esse desejo, rejeitaram a sua vocação especial de ser uma nação separada.

* * *

Ser santo é ser separado para servir a Deus. O que poderia, então, ser menos santo do que o desejo de Israel de ser como todos — de ser como as outras nações, que eram governadas não por Deus, mas por um rei?

O próprio Deus vislumbrou as implicações de seu pedido e disse a Samuel: "Eles rejeitam (...) a mim, pois já não querem que eu reine sobre eles" (1 Sm 8, 7). Também vislumbrou as terríveis consequências daquilo para o futuro e pediu a Samuel que as esclarecesse. O rei instituiria um recrutamento e usaria os soldados de Israel para seu próprio engrandecimento; confiscaria terras agrícolas para abastecer a mesa real; os fornecedores mais habilidosos de todos os ofícios seriam recrutados para o seu serviço. Em resumo, o povo seria essencialmente escravizado pelo rei — e tributado por esse privilégio (1 Sm 8, 11-18).

A escolha do povo parece ser a própria definição de falta de santidade e prometia conduzi-los novamente a uma condição semelhante à escravidão no Egito. Mesmo assim, Deus consentiu e lhes concedeu o que queriam. No entanto, fez questão de garantir que, fosse como fosse, as coisas aconteceriam segundo seu plano — de partilhar sua santidade com seu povo — não só *apesar* da escolha nada santa do povo, mas *por meio* desta escolha.

O rei Saul não resolveu os problemas de Israel, mas piorou a situação. Nos sete capítulos que antecederam a sua unção, a "Arca de Deus" é mencionada com frequência — trinta e oito vezes, na verdade. A Arca é um ponto de encontro para Israel. Encontra-se entre eles durante as batalhas, e o povo se preocupa com sua manutenção reverencial. Sua captura faz com que o sacerdote Eli morra de desgosto e sua nora entre em trabalho de parto prematuro. Estes fatos dão ideia do respeito pela santidade da Arca no período imediatamente anterior ao reinado de Saul (1 Sm 4, 13-22).

Então acontece algo estranho. A Arca desaparece quase inteiramente durante o restante do reinado de Saul. Ao longo de todo o relato dos 47 anos desse reinado, a Arca é mencionada apenas uma vez, quando Saul ordena que seja levada à sua presença: "Saul disse a Aías: 'Faze aproximar a arca de Deus'. Porque a arca de Deus se encontrava naquele dia com os israelitas" (1 Sm 14, 18).

A Arca se encontrava com o povo, mas talvez não fosse tão notada como no passado. De qualquer forma, ela não era mencionada. Deus estava presente, em toda a sua santidade e com todo o seu poder, mas Saul estava preocupado com outras coisas.

Saul começou por ser negligente e depois passou a desdenhar de Deus. Por fim, desobedeceu a uma ordem do Senhor e provocou sua própria queda.

Samuel replicou-lhe:

> Procedeste insensatamente, não observando o mandamento que te deu o Senhor, teu Deus, que estava pronto a confirmar para sempre o teu trono sobre Israel. Agora o teu reino não subsistirá. O Senhor escolheu para si um homem segundo o seu coração e o fará chefe de seu povo, porque não observaste as suas ordens (1 Sm 13, 14).

O homem segundo o coração de Deus seria Davi, cujo reinado — de acordo com todos os relatos sobreviventes — contrastaria fortemente com o de Saul.

O contraste entre Davi e Saul não poderia ser mais marcante. Depois de assumir o poder, Davi consultou seus comandantes e anunciou à assembleia de Israel: "Tornemos a trazer para nós a arca de nosso Deus, pois não cuidamos dela no tempo de Saul" (1 Cr 13, 3).[1] No Salmo 132, Davi jurou encontrar uma casa para a Arca.

* * *

Saul reinou em sua cidade natal, Gibeá. Davi, a quem Deus designou sucessor de Saul, inicialmente governou em Hebron; mas a sua intenção era conquistar Jerusalém e estabelecê-la como sua capital. E ele o conseguiu, coreografando a transferência de poder a fim de torná-la memorável para todos os que acompanharam o percurso.

Como todas as manifestações públicas, a procissão foi concebida para comunicar algo. Uma mensagem clara daquela era o poderio militar de um Israel unificado e seu rei. Trinta mil soldados ("o escol de Israel") marcharam (2 Sm 6, 1), o que teria sido uma visão inesquecível. E houve música festiva (2 Sm 6, 5).

Foi um espetáculo impressionante, mas para Davi era de importância secundária. O recém-obtido

---

1   Scott W. Hahn, *The Kingdom of God as Liturgical Empire: A Theological Commentary on 1—2 Chronicles*, Grand Rapids, Baker Academic, 2012, pp. 51-61.

poder terreno de Israel estava subordinado ao poder divino que residia no tabernáculo. Os soldados estavam lá para acompanhar e honrar a Arca da Aliança enquanto ela era transportada para seu lar permanente no Monte Sião, em Jerusalém, a nova capital. "Davi e toda a casa de Israel dançavam com todo o entusiasmo diante do Senhor e cantavam acompanhados de harpa, cítaras, tamborins, sistros e címbalos" (2 Sm 6, 5).

O tema predominante na procissão não era político, mas religioso. Era a santidade.

Assim, o foco não estava no rei de Israel ou em seu exército, mas na Arca da Aliança. Ela foi posta sobre um veículo novo, construído para a ocasião (2 Sm 6, 3), na qual ia acompanhada por sacerdotes. Embora a Arca tenha sido exposta ao público, ela não perdeu nada de sua santidade e poder. A narrativa deixa isso claro quando os bois que puxam a carroça tropeçam no caminho... e um leigo chamado Oza estende a mão para suster a Arca. Tão logo a toca, contudo, ele cai morto, castigado por ousar tocar a Arca com mãos que não foram consagradas para esse propósito (2 Sm 6, 6-7).

Vendo isso, Davi temeu e tremeu. Tal como Moisés e os patriarcas antes dele, ele imediatamente tomou ciência da santidade de Deus e da sua própria indignidade: "Naquele dia, Davi teve medo do Senhor e disse: 'Como entrará a arca do Senhor em minha casa?'" (2 Sm 6, 9). O episódio o afetou tanto que ele interrompeu a procissão por três meses; quando recomeçou, ofereceu sacrifícios, "um boi e um bezerro cevado", a cada seis passos (2 Sm 6, 13).

A imagem mais impressionante da procissão, porém, é a da piedade pessoal do rei Davi: "Davi dançava com todas as suas forças diante do Senhor" (2 Sm 6, 14).

Em nenhum momento fica tão marcante o contraste entre Davi e Saul. Para Saul, a Arca tinha sido apenas uma lembrança tardia, mencionada uma única vez — como uma arma de que ele poderia se valer, um objeto que queria controlar. Davi, pelo contrário, estava maravilhado por ter seu destino ligado à Arca.

Mais impressionante é a reação da filha de Saul, Mical, com quem Davi era casado. Quando viu seu marido "saltando e dançando diante do Senhor, (...) desprezou-o em seu coração" (2 Sm 6, 16). Ela achava que o comportamento do marido era impróprio, abaixo da dignidade de um monarca guerreiro como seu pai, e disse a Davi: "Como se distinguiu hoje o rei de Israel, dando-se em espetáculo às servas de seus servos e descobrindo-se sem pudor, como qualquer um do povo!" (2 Sm 6, 20).

Davi não se intimidou. Ele explicou à esposa que se devia honrar o Senhor que o elevara à realeza e que não se arrependia de nada em seu comportamento. Disse a Mical: "Foi diante do Senhor que dancei. E me abaixarei ainda mais e me aviltarei aos teus olhos" (2 Sm 6, 21-22). Mais uma vez, Davi difere claramente da família de Saul; suas noções de realeza e adoração mostraram-se mais fecundas do que as de Mical (cf. 2 Sm 6, 23).

Com Davi, a Arca entrou em Jerusalém, onde permaneceria em seu tabernáculo. Davi então construiu para si um grande palácio e imediatamente se deu conta da incongruência da situação: "Vê! Eu moro num palácio de cedro e a arca de Deus está alojada numa tenda!" (2 Sm 7, 2). Ele resolveu construir um templo que servisse como uma casa adequada para o Senhor.

Através do profeta Natã, porém, o Senhor respondeu que sua casa seria construída não por Davi, mas por Salomão, filho de Davi.

Mas por que Davi escolheu Jerusalém como local de descanso da Arca? As Escrituras não revelam, mas nos deixam pistas. Através do profeta Ezequiel, o Senhor manifesta que Jerusalém está situada "em meio às nações" (Ez 5, 5) e reside no "umbigo da terra" (Ez 38, 12); a palavra traduzida mais literalmente como "umbigo", neste versículo, quer dizer "centro da terra".

Em Gênesis 14, 18, Salém (forma primitiva de Jeru-Salém) aparece como a terra governada por Melquisedec, o primeiro homem mencionado como sacerdote nas Sagradas Escrituras. É o local da sua famosa oferta de pão e vinho, partilhada com o patriarca Abrão. O Salmo 75, no versículo 3, nos informa que Salém era, de fato, o mesmo que o Monte Sião, o local do Templo: "Em Jerusalém está seu tabernáculo e em Sião a sua morada." Gênesis também se refere à terra como "Moriá", lugar onde Abraão foi sacrificar Isaac (Gn 22, 2). E as histórias posteriores de Israel nos contam que Moriá era ainda outro nome para o Monte do Templo (2 Cr 3, 1). Moisés também indicou que o objetivo de Israel — desde o início do Êxodo — não era simplesmente a conquista da Terra Prometida, mas principalmente a construção do Templo no local de Salém — Moriá, Sião. No clímax de seu cântico de vitória, ele entoou: "Vós o conduzireis e o plantareis na montanha que vos pertence, no lugar que preparastes para vossa habitação, Senhor, no santuário, Senhor, que vossas mãos fundaram" (Ex 15, 17).[2]

Passado algum tempo, Salomão construiu o Templo, mais grandioso do que qualquer outro na terra — e, portanto, apropriado ao seu propósito. Decorou-o com imagens cósmicas evocando o Jardim do Éden. Segundo o historiador judeu Josefo, no véu do Templo estava bordado um mapa das estrelas; as vestes sacerdotais eram adornadas com esculturas de frutas; os candelabros foram posicionados imitando os planetas e outros corpos celestes. O Templo foi projetado para ser uma "imitação e representação do universo".[3] Além disso, assim como na entrada do Éden havia dois querubins imponentes montando guarda, o mesmo se verificava no Templo de Salomão, guardado por querubins com quase sete metros de altura.

O Templo foi projetado para inspirar admiração nos adoradores — para comunicar que o Deus de Israel não era uma divindade local, mas o único Deus criador, detentor e sustentador do universo. Assim, havia também um pátio para os gentios usarem em sua oração. Deus, de forma alguma,

---

[2] Scott W. Hahn, *Kinship by Covenant: A Canonical Approach to the Fulfillment of God's Saving Promises*. New Haven, Yale University Press, 2009, pp. 26 (n. 113) e 128-29.

[3] Flávio Josefo, *Antiguidades dos judeus* 3.180; cf. também 3.144-46; 3.151-80, 3.184-87.

fazia parte do cosmos ou estava contido nele. Entretanto, designara *este lugar específico* como sede de sua presença especial na terra. O Templo era um lugar separado, onde era possível aproximar-se de Deus de acordo com regras divinamente estabelecidas.

A arquitetura e a decoração transmitiam essa mensagem em todos os detalhes. Dentro do santuário, porém, a santidade de Deus se evidenciou aos sacerdotes como um fato simples. Lá eles viram a nuvem da glória de Deus que encheu o Santo dos Santos. Tanto o rei como o clero ficaram impressionados com a manifesta santidade de Deus.

Era o Templo que santificava o Monte Sião. O Monte Sião santificava a cidade. A cidade santificava a terra de Judá. O Templo foi construído para ser o centro da vida nacional de um povo santo, um povo consagrado a Deus.

O Templo era único em toda a terra — o único lugar onde se poderia oferecer sacrifício ao único Deus verdadeiro. Neste sentido, contrastava nitidamente com todos os outros lugares do planeta — e do cosmos. Em relação a cada lugar e a cada coisa, o Templo era "outra coisa". Era um lugar destacado como reserva para a santidade de Deus.

Todavia, era também sinal da presença real de Deus — do seu compromisso, através da aliança com Israel, de estar presente entre o seu povo e, portanto, no mundo.

* * *

Assim como o Êxodo completou a obra da criação, o reino — ao estabelecer o Templo — completou a obra do Êxodo. Essa nova etapa foi predita por Deus no Monte Sinai. Israel inicialmente passaria por um período de peregrinação, mas, uma vez que ocupassem a terra santa, deveriam estabelecer um templo sagrado em uma cidade santa:

> (...) mas irás ao lugar que o Senhor, vosso Deus, escolher entre todas as vossas tribos para aí estabelecer o seu nome e unicamente ali irás procurá-lo. É nesse lugar que apresentareis vossos holocaustos e vossos sacrifícios, vossos dízimos, vossas primícias, vossos votos, vossas ofertas espontâneas, os primogênitos de vossos rebanhos graúdo e miúdo. É ali que fareis vossos sagrados banquetes em presença do Senhor, vosso Deus, e gozareis, vós e vossas famílias, de todos os bens que vossas mãos produzirem, com a bênção do Senhor vosso Deus (Dt 12, 5-7).

Isto deveria ter acontecido logo depois que o povo escolhido entrou na Terra Prometida. Mas não foi o que ocorreu. O rabino Berman observa que, na verdade, Israel levou quase meio milênio para cumprir a ordem de Deus. E eles estavam cientes de seu atraso. A construção do Templo, diz ele, é o "único evento em todo o registro profético explicitamente datado".[4] Ocorreu "no ano 480 depois da saída dos filhos de Israel do Egito, no quarto ano do reinado de Salomão sobre Israel, no mês de Ziv, que é o segundo mês". Naquela época ele

---

4 Joshua Berman, *The Temple: Its Symbolism and Meaning Then and Now*, Northvale, Jason Aronson, 1995, p. 58.

"empreendeu a construção do Templo do Senhor" (1 Rs 6, 1).

Sem mais, Deus honrou o empreendimento e viveu gloriosamente entre eles. Chegaria o dia, porém, em que eles lamentariam porque "[teu] povo possuiu teu santuário por um tempo quase nulo", por muito pouco tempo, "antes que nossos inimigos pisoteassem o que santificaste".[5]

---

5   Is 63, 18, em tradução realizada para esta edição através da *Vulgata*.

CAPÍTULO 5

Todos santos? Nem tanto

Com a construção do Templo, a relação de Deus com o seu povo atingiu um novo patamar. A sua presença era central em todos os sentidos — cultural e geograficamente — e irradiava santidade por toda a terra. A monarquia tornou isso possível ao unificar as tribos e reorganizar seus territórios. Além disso, o recente prestígio de Israel atraía a atenção de outros povos para o Templo de Israel e o Deus de Israel.

Em Jerusalém, o povo se reunia três vezes ao ano para a renovação da aliança, durante as principais festas que envolviam peregrinações: Páscoa, Pentecostes e Tabernáculos. Era a aliança que fazia deles um povo santo. Portanto, eles experimentavam a liturgia como uma experiência santificadora.

O rei tinha um papel central a desempenhar como mediador da aliança, a exemplo de Moisés no Êxodo. Davi era um homem segundo o coração de Deus. O nome de Salomão tornou-se para sempre sinônimo de sabedoria. Nos livros históricos do Antigo Testamento, os dois aparecem como figuras heroicas. Em um dos Salmos da coroação, o rei recebe o título inédito de filho de Deus! Deus lhe diz: "Tu és meu filho, eu hoje te gerei. /Pede-me; te darei por herança todas as nações; tu possuirás os confins do mundo" (Sl 2, 7-8). E, embora o rei venha da tribo de Judá — e não da tribo sacerdotal de Levi —, Deus lhe diz: "Tu és sacerdote para sempre, segundo a ordem de Melquisedec" (Sl 109, 4).

A monarquia de Israel era um cargo extraordinário. Tal como o Templo, era único na terra. O rei davídico poderia ser chamado de muitas coisas. Poderia ser chamado de "Cristo" — isto é, "Ungido" —, ou mesmo "Filho de Deus".
De uma coisa não se poderia chamá-lo: santo.

* * *

Em nossa leitura do livro do Êxodo, vimos que muitas coisas podem ser chamadas de santas. Acima de tudo, a palavra aplica-se a Deus em seu mistério mais profundo. Mas também descreve uma ampla gama de itens que servem a Deus ou denotam sua presença. É santa a terra diante da sarça ardente, do altar, dos vasos litúrgicos, da Arca e da tenda. O sábado é santo, assim como qualquer coisa oferecida a Deus: frutas, grãos, animais e até dinheiro. Na época do reino, o Templo é chamado de santo, assim como a cidade que o rodeia. O povo, coletivamente, é santo. A nação é santa.

Mas os indivíduos não são descritos assim — nem no Êxodo, nem nas histórias dos reis, nem em todo o Antigo Testamento. Os grandes heróis e mediadores da aliança — Noé, Abraão, Moisés, Davi — são elogiados por sua justiça, fidelidade e piedade, mas não por sua "santidade". Eles são descritos e retratados como valentes e sábios. No entanto, nunca são chamados de *kadosh*.

Para os leitores de hebraico, esta é uma anomalia tão impressionante e surpreendente quanto a ausência da palavra "santidade" no livro do Gênesis. Por que a palavra "santo" seria aplicada a um pedaço de terra, mas não a uma pessoa individual? Por que o povo em conjunto seria qualificado por uma palavra que talvez nunca descrevesse qualquer um deles individualmente?

No entanto, é isso mesmo. O rabino Joshua Berman observa que o livro dos Salmos "pode ser visto como um registro do relacionamento do indivíduo justo com Deus. Seus protagonistas são chamados por vários nomes. Eles são justos, piedosos, retos no caminho de Deus, amantes da lei. Mas ninguém é chamado *kadosh*." Parece, conclui ele, que "o termo *kadosh* não pode ser usado para descrever o caráter de nenhum indivíduo, por mais 'santo' que ele seja".[1]

No uso moderno, a palavra "santo" é tratada como sinônimo de "religioso" ou "moralmente correto". No antigo Israel, porém, não era assim. A santidade era algo que pertencia propriamente a Deus — e somente a Deus. Outros itens da criação podem tomar emprestado o termo em virtude de sua ligação com Deus. Israel era uma nação santa porque o povo, coletivamente, estava em aliança com Deus. Mas, novamente, nas palavras do rabino Berman: a Bíblia hebraica "não caracteriza como *kadosh* um indivíduo justo".[2]

---

1 Joshua Berman, *The Temple: Its Symbolism and Meaning Then and Now*, Northvale, Jason Aronson, 1995), pp. 3-4. Berman observa uma exceção a esta regra. Em 2 Rs 4, 9, uma mulher rica de Sunão descreve o profeta Eliseu como um "homem santo de Deus". A exceção, porém, confirma a regra. Berman diz: "O fato de este termo não ser usado nem por Deus, nem por um profeta, nem mesmo pelo narrador bíblico, mas apenas por um personagem secundário na história, serve apenas para destacar a natureza excepcional deste uso."

2 Sobre a ocorrência de "santos" nos livros deuterocanônicos, ver Apêndice, p. 191.

* * *

A santidade seria a vocação coletiva de Israel, e esta vocação comum serviria para unir seus membros uns aos outros assim como a aliança os unia a Deus.

A santidade, no caso do povo, não seria como a santidade num vaso ou num altar. Os objetos inanimados não podem rejeitar ou ignorar as exigências de seu chamado divino. Para Israel, Deus comunicara uma expectativa diferente. Em quase todos os casos, quando lhe falava sobre a sua vocação à santidade, Ele também lhe recordava da necessidade de obedecer aos mandamentos:

> O Senhor disse a Moisés: "Dirás a toda a assembleia de Israel o seguinte: Sede santos, porque eu, o Senhor, vosso Deus, sou santo. Cada um de vós respeite a sua mãe e o seu pai, e guarde os meus sábados. Eu sou o Senhor, vosso Deus... Não furtareis, não usareis de embustes nem de mentiras uns para com os outros. Não jurareis falso em meu nome, porque profanaríeis o nome de vosso Deus. Eu sou o Senhor (Lv 13, 1-3; 11-12).
>
> Desse modo, vós vos lembrareis de todos os meus mandamentos, e os praticareis, e sereis consagrados ao vosso Deus. (Nm 15, 40).

O povo de Israel seria obrigado a alcançar uma perfeição moral proporcional à sua missão. O fardo recairia, em primeiro lugar, sobre os ombros dos sacerdotes, mas também sobre os reis. Ao que parece, Davi e Salomão governaram como reis-sacerdotes

(2 Sm 8, 18).[3] Estes eram ofícios sagrados. A sua santidade não vinha do caráter dos indivíduos titulares dos cargos, mas dos serviços divinos que prestavam. Esperava-se, contudo, que mantivessem um elevado padrão de conduta moral. Considerem-se as qualificações propostas pelo próprio rei Davi:

> Senhor, quem há de morar em vosso tabernáculo?
> Quem habitará em vossa montanha santa?
> O que vive na inocência e pratica a justiça,
> o que pensa o que é reto no seu coração,
> cuja língua não calunia;
> o que não faz mal a seu próximo,
> e não ultraja seu semelhante.
> O que tem por desprezível o malvado,
> mas sabe honrar os que temem a Deus;
> o que não retrata juramento mesmo com dano seu,
> não empresta dinheiro com usura,
> nem recebe presente para condenar o inocente.
> Aquele que assim proceder jamais será abalado (Sl 14, 5).

Trata-se de uma tarefa difícil, e, como se viu, Davi e Salomão não estiveram à altura. Ambos os homens notabilizaram-se tanto por seus pecados quanto por suas virtudes de justiça. Davi cometeu adultério com Betsabeia e depois assassinou o marido dela para encobrir o crime (2 Sm 11, 4-17). Tempos depois, optou por não punir o estupro perpetrado por seu filho Amnom contra a própria meia-irmã; este incidente levou outro

---

3 Cf. C. E. Armerding, "Were David's Sons Really Priests?", em G. Hawthorne (ed.), *Current Issues in Biblical and Patristic Interpretation: Studies in Honor of Merrill C. Tenny Presented by His Former Students*, Grand Rapids, Eerdmans, 1975, pp. 75-86.

filho, Absalão, a se rebelar contra Davi para vingar o delito. Ainda mais à frente, Davi ignoraria o parecer de seus conselheiros piedosos, ordenando um censo nacional para o seu próprio engrandecimento (2 Sm 24, 2-15; 1 Cr 21, 1-4).

Salomão seguiu o exemplo de seu pai. Embora fosse sábio, era também era ganancioso e vivia numa opulência que claramente violava a lei de Deus (ver Dt 17, 14-20) e conduzia à decadência moral. Era dono de quarenta mil baias de cavalos. Tinha também setecentas esposas e trezentas concubinas (1 Rs 11, 3). Como muitas de suas esposas eram estrangeiras e idólatras, afastaram do Deus de Israel o coração do Rei. As incursões de Salomão na idolatria foram tão ambiciosas quanto qualquer outra de suas aventuras na vida. As mesmas habilidades que ele havia empregado para erguer o Templo em honra ao Senhor Deus foram usadas para construir santuários para deuses falsos:

> Sendo já velho, elas seduziram o seu coração para seguir outros deuses. E o seu coração já não pertencia sem reservas ao Senhor, seu Deus, como o de Davi, seu pai. Salomão prestou culto a Astarte, deusa dos sidônios e a Melcom, o abominável ídolo dos amonitas. Fez o mal aos olhos do Senhor, não lhe foi inteiramente fiel como o fora seu pai Davi. Por esse tempo, Salomão edificou no monte, que está ao oriente de Jerusalém, um lugar de culto a Camos, deus de Moab, e a Melcom, abominação dos amonitas. E o mesmo fez para todas as suas mulheres estrangeiras, que queimavam incenso e sacrificavam aos seus deuses (1 Rs 11, 4-8).

Visto que, como reis, Davi e Salomão eram mediadores e representantes do seu povo, os seus pecados tiveram consequências desastrosas para toda a nação. Seguiu-se a guerra, primeiro com os seus vizinhos e depois dentro das suas fronteiras. Durante o reinado de Roboão, filho de Salomão, o reino foi dividido em dois: o reino do norte de Israel e o reino do sul, de Judá (que incluía Jerusalém).

Se os reis tivessem seguido a lei, teriam mantido a unidade de seu reino na santidade de Deus. Com o reino dividido, porém, as tribos do norte foram excluídas da adoração no Templo de Jerusalém. Seu povo caiu em formas degradadas de religião — e a sua moral piorou. Mesmo em Jerusalém, os sacerdotes começaram a tornar-se corruptos e a desprezar a santidade do seu ofício.

Nos séculos que se seguiram, os profetas revoltaram-se contra estas circunstâncias. Nos célebres oráculos do profeta Isaías, Deus denunciou o sistema religioso. "Mas também estes titubeiam sob o efeito do vinho, alucinados pela bebida; sacerdotes e profetas cambaleiam na bebedeira. Estão afogados no vinho, desnorteados pela bebida, perturbados em sua visão, vacilando em seus juízos" (Is 28, 7).

Não havia recurso político ou militar que pudesse reconstruir Israel, pois tanto os monarcas como o clero eram depravados e indignos dos seus ofícios sagrados.

* * *

Assim malogrou o reino, e o povo fracassou em cumprir a exortação de Deus a "ser santo". Deus os havia separado para seu serviço, e por isso eles foram chamados a serem como Deus — diferentes, "outros", santos. Porém, escolheram ser como as nações que os rodeavam. Escolheram adorar ídolos e desrespeitar a lei moral. Os seus líderes foram os mais descarados nesse mau comportamento.

Quando o reino fracassou, caiu. Dividido em dois, Israel era fraco e relativamente indefeso contra os seus poderosos vizinhos. Os assírios invadiram o norte no século VIII a.C. No século VI, os babilônios conquistaram o sul — incluindo o sagrado Monte Sião em Jerusalém. Estrangeiros saquearam o Templo e levaram os seus vasos sagrados. A Arca da Aliança desapareceu da história (2 Mac 2, 4-8). Embora o Templo viesse a ser parcialmente restaurado (e, mais tarde, reconstruído), o Santo dos Santos permaneceria vazio, indicando uma verdadeira ausência — um abandono, por parte dos reis, do sacerdócio e do povo, de sua vocação.

Como, então, Israel deveria lidar com as extravagantes promessas que Deus fizera a Davi?

> Eu lhe darei uma perpétua descendência,
> seu trono terá a duração do céu.
> Não violarei minha aliança,
> não mudarei minha palavra dada.
> Jurei uma vez por todas pela minha santidade:
> a Davi não faltarei jamais.
> Sua posteridade permanecerá eternamente,
> e seu trono, como o sol, subsistirá diante de mim,

como a lua que existirá sem fim,
e o arco-íris, fiel testemunha nos céus (Sl 88, 30; 35-38).

Os reinados de Davi e Salomão, somados, duraram oitenta anos. Foi um momento glorioso que seria lembrado como uma época de ouro. A linhagem de Davi continuou a governar no Sul durante quase quinhentos anos — um longo tempo para uma dinastia, mas muito aquém da "perpétua descendência" que Deus tinha prometido. O sol continuava a nascer e a se pôr numa Jerusalém ocupada por pessoas que não eram "santas" no sentido em que Israel era santo. Os babilônios não haviam sido "separados" para o serviço do único Deus verdadeiro. No entanto, lá estavam eles, governando na cidade santa, no lugar do rei Davi.

*   *   *

Por fim, os habitantes de Judá seriam exilados para lugares profanos e sujeitados às leis de reis profanos. Eles os serviriam voluntariamente mesmo muitos anos depois, quando estivessem livres para retornar à sua terra natal. O enigmático livro de Ester (texto hebraico) retrata as condições suportadas pelos judeus na Pérsia, mas nunca menciona Deus, nem mesmo de passagem. O rabino Berman observa que o livro mostra a preocupação do povo escolhido com o serviço aos reis terrenos, reis imperfeitos, chegando ao esquecimento total do Deus que os criara e os convidara a compartilhar de sua santidade. "Quando o nome de Deus é totalmente omitido, não é apenas porque sua mão orientadora se faz oculta no drama que se desenrola, mas também porque o próprio Deus foi escondido por aqueles que o serviam."[4] Os exilados tinham desviado a sua atenção do céu e se voltado para um trono terreno. O monarca pagão a quem serviam na Pérsia, Assuero, vivia num palácio que lembrava as linhas do Templo de Jerusalém e — como Baltazar no livro de Daniel (Dn 5, 2-3) — até servia os convidados em seus banquetes com vasos confiscados do Templo.[5]

Assim, o povo de Deus viu-se exilado não apenas por ter sido banido para outro país. Ele foi também exilado por causa da inconstância de seus corações. Mal servidos pelos seus reis e sacerdotes, ficaram vulneráveis à conquista — e as conquistas foram devastadoras, tanto espiritual como materialmente.

Tal negligência para com Deus não convinha, para dizer o mínimo, a homens e mulheres de uma "nação santa". Mas os pecadores parecem alheios às implicações das suas ações. O centro das suas vidas — coletiva e individual — deixara de ser o Monte Sião e a presença do Deus vivo, substituídos pelos *loci* transitórios do poder secular: primeiro a Assíria, depois a Babilônia e, depois, a Pérsia.

Em certo sentido, isso não deveria surpreender, dadas as terríveis advertências de Deus no início

---

4   Berman, *The Temple*, p. 169.
5   Berman, *The Temple*, p. 171. Ele se baseia na interpretação talmúdica de Ester 1, 7.

da monarquia de Israel. Num outro sentido, porém, é impressionante, consideradas as promessas divinas a respeito da dinastia eterna da Casa de Davi.

Como vimos nos capítulos anteriores, Deus criou o mundo com certo grau de incompletude, deixando algo para se cumprir no Êxodo. Deus realizou o Êxodo com um grau de incompletude, deixando algo para ser cumprido no reino. Mesmo os repetidos fracassos humanos não puderam frustrar o plano de Deus de partilhar a sua santidade com o mundo. Ele havia feito promessas às quais permaneceria fiel.

Tem-se a impressão de que o próprio reino era incompleto e apontava para algo além de si mesmo, para uma realização maior — para um rei e mediador que fosse filho de Davi, mas sem participação nos pecados de Davi: um rei que fosse infalivelmente santo em si mesmo, e não apenas por causa do cargo que ocupasse; um rei muito fiel ao título de "Filho de Deus".

CAPÍTULO 6
Santidade nos profetas

Se Deus é santo por natureza, Ele transcende sua criação. É completamente "outro, diferente" de todas as coisas visíveis e invisíveis. Nada nem ninguém no mundo pode compreender o Todo-poderoso, o seu plano e a sua vontade.

Contudo, ao longo da história registrada na Bíblia, o Senhor se deu a conhecer chamando certos homens e mulheres para se tornarem mensageiros inspirados. São os profetas. *Nabi*, palavra hebraica para profeta, significa, literalmente, "aquele que é inspirado por Deus". Os profetas receberam revelações especiais não em benefício próprio, mas para o bem do povo de Deus. A tarefa deles não consistia apenas em receber a mensagem divina, mas em transmiti-la — quer o público-alvo quisesse ouvi-la ou não.

Os profetas aparecem no início dos acontecimentos registrados pela Bíblia. Abraão é chamado de profeta (Gn 20, 7). O mesmo acontece com Arão e Miriã na época do Êxodo (Ex 7, 1; 15, 20). Moisés figura como profeta incomparável numa categoria à parte (Dt 34, 10), embora tenha sido dito que ele prenunciava um profeta "como" ele, que chegaria em um tempo não revelado no futuro (Dt 18, 15-18). Na era dos juízes, surgiu Débora, que era "profetisa" (Jz 4, 4).

Para os profetas, o Senhor romperia o muro da alteridade e se revelaria "em visão" ou "em sonho" (Nm 12, 6). Moisés expressou o desejo de que "todo o povo do Senhor profetizasse e o Senhor lhe desse o seu espírito!" (Nm 11, 29). Mas esse não seria o caso de Israel. No registro bíblico, os profetas eram incomuns, até chegar um momento em que a profecia floresceu como movimento — o que coincidiu aproximadamente com os anos da monarquia e do exílio.

Foi o profeta Samuel quem intercedeu junto a Deus para abençoar os reis. Foi Samuel quem ungiu os dois primeiros homens para ocupar o trono. Os nomes a seguir devem ser conhecidos por qualquer um que esteja familiarizado com as grandes histórias das Escrituras: Natã, Elias, Eliseu, Isaías, Jeremias, Ezequiel, Daniel.

Os profetas recebem visões ou sonhos do "alheio". Inspirados de maneira sobrenatural, conhecem a santidade por meios impossíveis na ordem natural. Assim, seus oráculos são extremamente importantes para nosso estudo.

* * *

Deus prepara o profeta para trafegar pela santidade, ouvir mistérios inacessíveis a todos os outros e para expressar o divino por meio de palavras humanas.

Isaías recebeu sua vocação de uma forma memorável:

> No ano da morte do rei Ozias, eu vi o Senhor sentado num trono muito elevado; as franjas de seu manto

enchiam o templo. Os serafins se mantinham junto dele. Cada um deles tinha seis asas; com um par de asas velavam a face; com outro cobriam os pés; e, com o terceiro, voavam. Suas vozes se revezavam e diziam:
"Santo, santo, santo é o Senhor Deus do universo! A terra inteira proclama a sua glória!"
A este brado as portas estremeceram em seus gonzos e a casa encheu-se de fumo. "Ai de mim" — gritava eu. "Estou perdido porque sou um homem de lábios impuros e habito com um povo (também) de lábios impuros, e, entretanto, meus olhos viram o rei, o Senhor dos exércitos!" Porém, um dos serafins voou em minha direção; trazia na mão uma brasa viva, que tinha tomado do altar com uma tenaz. Aplicou-a na minha boca e disse: "Tendo esta brasa tocado teus lábios, teu pecado foi tirado e tua falta, apagada." Ouvi então a voz do Senhor que dizia: "Quem enviarei eu? E quem irá por nós?" "Eis-me aqui", disse eu, "enviai-me" (Is 6, 1-8).

O que mais nos impressiona, em nosso contexto, é o canto tríplice dos serafins no Templo: "Santo, Santo, Santo!" Para os católicos, são palavras familiares, parte integrante da Missa. Declaram explicitamente a santidade de Deus. Enquanto isso, Isaías responde como se esperaria de um homem confrontado pela santidade. Ele fica cheio de pavor e brada uma confissão da própria indignidade. Purificado pela brasa, porém, está pronto e ansioso por qualquer tarefa que Deus lhe der.

Grande parte da cena lembra o encontro de Moisés com a sarça ardente. Com frequência, as Escrituras associam a santidade à imagem do fogo. Moisés ficou fascinado pelo fogo que queimava, mas não se consumia. Isaías foi purificado pelo calor do fogo do altar celestial.

A cena também evoca as manifestações de Deus no monte Sinai: "Todo o monte Sinai fumegava, porque o Senhor tinha descido sobre ele no meio de chamas; o fumo que subia do monte era como a fumaça de uma fornalha, e toda a montanha tremia com violência" (Ex 19, 18). "Aos olhos dos israelitas a glória do Senhor tinha o aspecto de um fogo consumidor sobre o cume do monte" (Ex 24, 17).

Os profetas — Moisés e Isaías — experimentam a santidade de Deus como um fogo purificador. Ele aparece como uma chama ardente, e os dois homens sentem um medo elementar em sua presença; mas, como a sarça no monte Horeb, eles não são consumidos. Antes, veem-se capacitados para longos anos de serviço. O ministério de Isaías se estenderia por mais de cinco décadas.

A chave para o seu ministério, porém, é esse começo. Acredito que nessa breve passagem haja uma revelação extraordinária da santidade. O hino do "três vezes santo" chama a atenção para isso e nos convida a examinar mais de perto as palavras de Isaías.

* * *

Qual é, por exemplo, o significado da frase de abertura, que situa o momento histórico com bastante precisão? Isaías recebe a visão "no ano da morte do rei Ozias".

Isso pode ser a simples declaração de um fato, mas também pode ser muito mais.

Ozias governou Judá por mais de quarenta anos no século VIII a.C. Seu reinado foi uma época de prosperidade econômica e triunfo militar (cf. 2 Cr 26, 1-23). Ele construiu um poderoso exército e reconquistou terras que seus ancestrais haviam perdido. Fortificou Jerusalém, visando torná-la inexpugnável ao ataque. As colheitas eram abundantes, e uma corrente de tributos fluía das cidades que ele havia conquistado. A confiança nacional estava em alta.

A confiança do próprio Ozias também estava em alta. Tendo se destacado em tantos empreendimentos mundanos, ele resolveu que queria fazer o trabalho dos sacerdotes do Templo. Aqui está o relato no Segundo Livro de Crônicas:

> Mas, apenas sentiu-se ele poderoso, seu coração encheu-se de orgulho, para sua desgraça. Cometeu uma falta contra o Senhor, seu Deus, entrando no Templo do Senhor para queimar incenso no altar dos perfumes. O sacerdote Azarias com oitenta corajosos sacerdotes do Senhor, foram atrás. Resistiram ao rei Ozias e lhe disseram: "Não compete a ti, Ozias, queimar incenso ao Senhor, mas aos sacerdotes da estirpe de Aarão, que foram consagrados para esse fim. Sai do santuário, porque prevaricaste, e isso não será para ti honra diante do Senhor Deus (2 Cr 26, 16-19).

Ozias foi expulso do Templo à força e para sempre. Além disso, foi imediatamente acometido pela lepra e expulso de sua própria casa e cidade (cf. 2

Cr 26, 21 e 2 Rs 15, 5). Seu filho assumiu o trono em seu lugar, e Ozias morreu logo depois.

A punição de Ozias é uma reminiscência da cena do segundo livro de Samuel em que (note a semelhança dos nomes) Oza foi fulminado ao tocar na Arca da Aliança, que ameaçava cair, para sustentá-la. Os dois episódios registram terríveis manifestações da santidade e do poder de Deus. Aqueles que optam por tratar a presença de Deus com leviandade sofrem as consequências mais severas.

A morte do rei Ozias foi um evento notável, e suas causas certamente eram relevantes para a história que Isaías tem para contar. Ao relatar o acontecimento, Isaías se retrata como um homem de devoção e moral mornas. Ele era um homem, diz, de "lábios impuros". E, no entanto, viu-se subitamente no lugar que havia sido arrogantemente invadido — bem recentemente — pelo rei Ozias. Isaías sabia-se merecedor de castigo, e por isso confessou o seu pecado. Clamou por misericórdia e não foi punido, mas curado de forma dramática.

Aparentemente, a mesma santidade que impusera a lepra ao orgulhoso Ozias vinha fazer do penitente Isaías um profeta.

Não foi uma escolha arbitrária, da parte de Isaías, situar a sua história no ano da morte do rei Ozias. Ele quis contextualizá-la a título de comparação e contraste, classificando-a como uma história de justiça e misericórdia. Quis, também, enfatizar a realidade da santidade de Deus — que seria a fonte de sua própria autoridade e poder, durante seus muitos anos de ministério.

Santidade nos profetas

* * *

No caso dos profetas, Deus cruza o abismo que o torna "outro". Em visões e sonhos eles o veem e ouvem, ficam maravilhados, admirados e temerosos. Os livros dos profetas, como de se esperar, estão repletos de tais relatos.

Isaías ouve o clamor dos serafins: "Santo, santo, santo é o Senhor Deus do universo." Na língua hebraica, os adjetivos são intensificados pela repetição. Portanto, "santo, santo" seria o equivalente a "mais santo", e "santo, santo, santo" seria o equivalente a "santíssimo" — incomparavelmente santo. Assim, o profeta retrata Deus como algo nos antípodas da criação — e ainda assim, de repente, muito próximo. É a única vez no Antigo Testamento que encontramos a repetição tripla de uma qualidade de Deus. Nunca vemos "misericórdia, misericórdia, misericórdia", por exemplo, embora a misericórdia de Deus seja muito importante; e nem "amor, amor, amor" ou "justiça, justiça, justiça".

Ainda assim, Isaías fala como um profeta do amor e do perdão misericordioso. Deus manifesta a sua santidade, explica Isaías, por amor à misericórdia: "É por isso que o Senhor está desejoso de vos perdoar; é por isso que se ergue para vos poupar" (Is 30, 18).

Tal experiência da santidade de Deus, contudo, também torna os profetas muito sensíveis aos próprios pecados e à pecaminosidade do povo. Eles expressam indignação com o comportamento dos sacerdotes, que executam as tarefas cerimoniais de forma distraída ou mesmo fraudulenta. Ficam impacientes com os adoradores que fazem os sacrifícios obrigatórios, mas habitualmente desprezam a lei moral. Os profetas clamam por uma perfeição moral condizente com o estatuto do povo escolhido como "nação santa". Nas palavras de Isaías, "o Senhor dos exércitos triunfará no juízo; o Deus santo se mostrará como tal, fazendo justiça" (Is 5, 16).

O povo eleito, de fato, fora convocado para ser "luz das nações" (Is 42, 6; 49, 6; 60, 3). Por meio de Isaías, Deus especificou que esta era a razão da aliança: que a nação santa levasse todas as outras nações à justiça e à santidade, "para propagar minha salvação até os confins do mundo" (Is 49, 6).

No entanto, como observamos no último capítulo, Isaías e os outros profetas têm o cuidado de aplicar o termo "santo" apenas ao povo, e nunca a uma pessoa. A santidade era algo concedido ao coletivo pela proximidade com Deus na aliança. Os membros da família de Israel foram postos em quarentena visando a santidade — e também a justiça, se tivessem obedecido à lei. Quando separados de Israel, eles eram indivíduos perdidos, exilados, fora da aliança — e, portanto, profanados e perdidos para a santidade.

* * *

Com o profeta Daniel, porém, acontece uma coisa estranha. Sem maiores comentários, ele começa a falar da santidade de uma forma diferente, como uma marca de caráter pessoal de certos indivíduos, e não simplesmente do *status* coletivo de uma nação.

O livro de Daniel conta a história de um jovem de Judá exilado na Babilônia no século VI a.C. Numa terra pagã, ele se esforça heroicamente para guardar as leis de seus ancestrais. Serve o rei Nabucodonosor na corte, mas se recusa a obedecer quando recebe ordens de curvar-se diante dos ídolos. Ele se recusa até mesmo a comer os alimentos da mesa do rei, porque estes poderiam ter sido oferecidos em sacrifício aos deuses da Babilônia.

Para fortalecer e guiar Daniel, Deus lhe concede uma série de visões. Daniel é capaz de ver o futuro a partir da perspectiva divina e descreve-o numa série de eras consecutivas, cada uma dominada por um império pagão distinto. Na conclusão da quarta era, a história alcançaria um clímax e a santidade de Deus triunfaria através da liderança de "um ser, semelhante ao filho do homem" (Dn 7, 13), que governaria não apenas Israel, mas "todos os povos, todas as nações e os povos de todas as línguas" (Dn 7, 14). Além disso, seu reinado seria "eterno: nunca cessará, e o seu reino jamais será destruído" (idem).

Tais passagens ecoam as promessas feitas, muito antes, aos reis Davi e Salomão. Mas a linhagem real terminara horrivelmente com a conquista de Judá pela Babilônia. Os babilônios levaram cativo o rei Sedecias e toda a sua família. No caminho para o exílio, Sedecias foi forçado a assistir ao assassinato de seus filhos. Depois disso, seus captores arrancaram seus olhos, para que a última coisa vista pelo rei fosse o fim de sua dinastia, a linhagem do rei Davi (2 Rs 25, 1-7).

Mas Daniel previu um dia, num futuro distante, em 490 anos — "setenta semanas" de anos (Dn 9, 24) —, em que a cidade santa e o reino seriam restaurados. Jerusalém seria governada por um ungido, um "cristo", que reinaria para sempre.

Em sua discussão sobre esse tempo futuro, porém, a linguagem de Daniel toma um rumo curioso. Ele fala dos súditos do reino não como um "povo santo", mas como "santos". Prediz que "os santos do Altíssimo receberão a realeza e a conservarão por toda a eternidade" (Dn 7, 18). O termo *santos*, aqui, refere-se a "indivíduos que são santos". São pessoas que detêm santidade não apenas coletivamente, mas cada qual em si. A diferença pode parecer meramente semântica, mas é uma mudança sísmica, e Daniel emprega o termo repetidas vezes. Ele diz, por exemplo, que o quarto animal iria "fazer guerra aos santos e levar-lhes vantagem, até o momento em que veio o ancião" (Dn 7, 21). E, no final, que "a realeza, o império e a suserania de todos os reinos situados sob os céus serão devolvidos ao povo dos santos do Altíssimo, cujo reino é eterno e a quem todas as soberanias renderão seu tributo de obediência" (Dn 7, 27).

Ao que parece, o reino seria restaurado e duraria para sempre. A sua grandeza não pertenceria apenas ao rei, mas também àqueles detentores da santidade: os santos.

No exílio, Israel estava reduzido à sua condição mais baixa em séculos — um quase retorno à escravatura — e, como antes, foram eles mesmos que chamaram a catástrofe para si. Deus, no entanto, seria fiel. Mesmo deixando-os fazer o que queriam, sua vontade prevaleceria. Sua restauração os alçaria a um nível mais elevado. No passado, eles haviam sido um clã; escravizados, tornaram-se uma nação. Antes, haviam sido uma nação; corrompidos, tornaram-se um reino. No passado, haviam sido um reino; um dia, no futuro, viveriam como santos. E os santos teriam uma qualidade que, por natureza e por direito, pertencia somente a Deus.

CAPÍTULO 7

A santidade pessoal

O Antigo Testamento conta a história do encontro humano com a santidade de Deus — com a transcendência e a alteridade divinas. Quando Deus se aproximou, os profetas caíram por terra. Cobriram seus rostos. Mas muitas das pessoas que Deus santificaria escolheram fugir de sua santidade em vez de enfrentar as exigências.

O Catecismo da Igreja Católica observa (n. 2811):

> Ora, apesar da Lei santa que o Deus santo lhe deu e tornou a dar, e muito embora o Senhor, "por respeito pelo seu nome", usasse de paciência, o povo desviou-se do Santo de Israel e "profanou o seu nome entre as nações". Por isso, os justos da Antiga Aliança, os pobres retornados do exílio e os profetas arderam de paixão pelo Nome.

Além disso, o profeta Daniel predisse um tempo em que os seres humanos partilhariam da santidade de Deus e até se atreveu a fixar uma data para isso. A visão de Daniel antecipava a chegada do Messias de Israel, "um ser semelhante a um filho do homem" (Dn 7, 13) que faria expiação pelos pecados do povo e lhes traria eterna justificação. Mesmo esta previsão, no entanto, é preocupante. Com o tempo, o Redentor seria "suprimido" e a sua morte provocaria a destruição de Jerusalém e o fim decisivo da adoração no Templo (Dn 9, 26-27).

As datas e os detalhes de Daniel correspondem, de maneira fascinante, ao advento do Cristo descrito no Novo Testamento.[1] Nos Evangelhos encontramos uma perfeita resolução do padrão recorrente em todo o Antigo Testamento. Desde o início da história sagrada, Deus faz alianças com o seu povo escolhido, que repetidamente quebra o vínculo através do pecado. O resultado era sempre uma catástrofe. No entanto, a cada vez, Deus conduzia seu povo adiante e para cima, por meio de sua misericórdia e perdão.

"Mas quando veio a plenitude dos tempos, Deus enviou seu Filho, que nasceu de uma mulher e nasceu submetido a uma Lei, a fim de remir os que estavam sob a Lei, para que recebêssemos a sua adoção" (Gl 4, 4-5). A plenitude dos tempos chegou, como Daniel predissera, com a vinda do Cristo.

* * *

O Novo Testamento chega até nós em uma nova linguagem. Enquanto a maior parte do Antigo Testamento foi escrita em hebraico, a língua original do Novo Testamento era o grego. Com a nova língua veio um novo vocabulário — e uma nova palavra para "santo".

Nessa época, o Antigo Testamento já havia sido fielmente traduzido para o grego pelos judeus que

---

[1] Edward J. Young, *The Prophecy of Daniel: A Commentary*. Grand Rapids, MI: Eerdmann, 2009; Francesco Borgongini Duca, *Messianic Chronology in Daniel*, Arquidiocese de Nova York: Nova York, 1952.

viviam no Egito. Essa tradução é conhecida como *Septuaginta*, que significa "setenta", porque, segundo a lenda, o trabalho fora feito por setenta tradutores. Sempre que o hebraico usa a palavra *kadosh* ou suas formas relacionadas, a Septuaginta a traduz pela palavra grega *hagios*. O Novo Testamento, escrito principalmente por judeus de língua grega, emprega o vocabulário da Septuaginta.[2]

Curiosamente, o Novo Testamento usa uma série de palavras relacionadas à santidade para descrever um indivíduo: Jesus, o Messias. Entre os muitos pontos que evidenciam a divindade de Jesus está o uso de palavras de santidade para nomeá-lo ou descrevê-lo nos Evangelhos.

Na Anunciação, o anjo diz a Maria que "o Espírito Santo descerá sobre ti, e a força do Altíssimo te envolverá com a sua sombra. Por isso, o ente *santo* que nascer de ti será chamado Filho de Deus" (Lc 1, 35, grifo nosso).[3]

Na conclusão do Discurso do Pão da Vida, depois de Jesus ter desafiado seus discípulos a acreditar em sua presença eucarística, Pedro responde com uma ousada confissão de fé. Ele diz: "Senhor, a quem iríamos nós? Tu tens as palavras da vida eterna. E nós cremos e sabemos que tu és o Santo de Deus!" (Jo 6, 68-69).

Até os demônios são forçados a testemunhar a santidade de Jesus. Exorcizados pelo Senhor, eles

---

2 Ver Scott W. Hahn, *Salve, Santa Rainha — a Mãe de Deus na Palavra de Deus*. São Paulo, Quadrante, 2023.

3 Uma interpretação possível dessa passagem é de que Lucas estaria identificando Maria com a Arca Sagrada da Nova Aliança. Cf. Scott W. Hahn, *Salve, Santa Rainha*, pp. 63-65.

bradam: "Que tens tu conosco, Jesus de Nazaré? Vieste perder-nos? Sei quem és: o Santo de Deus!" (Mc 1, 24; Lc 4, 34).

Jesus é "*o* Santo". O título destaca a sua santidade, qualidade própria apenas de Deus, mas também a singularidade de quem possui essa qualidade por natureza. Ele é "*o* único", enfatizado com um artigo definido.

É santo porque é divino. Jesus mantém, Ele mesmo, a prática do Antigo Testamento de atribuir ao Senhor Deus palavras ligadas à santidade. Quando ensina seus discípulos a orar, instrui-os a dizer: "Santificado seja o vosso nome" (Mt 6, 9; Lc 11, 2), uma forma tradicional, entre os judeus, de se dirigir à Divindade. O nome de Deus é a sua identidade, que é santa.

Um desenvolvimento notável no Novo Testamento é o uso de "santo" para denotar o Espírito de Deus. Este nome maravilhoso, *Espírito Santo*, aparece apenas três vezes nas Escrituras hebraicas: no versículo 13 do Salmo 50, em Isaías 63, 10 e no versículo seguinte. No Novo Testamento, porém, aparece mais de noventa vezes.

Além disso, este é o nome próprio de uma pessoa divina distinta daquela a quem Jesus chama de Pai. Jesus fala sobre o envio do Espírito pelo Pai (Jo 14, 16). O próprio Jesus confere o Espírito aos seus discípulos (Jo 20, 22). É claro, também, que os atos do Espírito são diferentes daqueles do Pai e de Jesus. O Espírito inspira, ensina e faz recordar (Lc 12, 12; Jo 14, 26); não é, portanto, uma força ou energia impessoal — não é um poder, mas uma Pessoa.

A santidade que o Antigo Testamento atribui a Deus, o Novo Testamento atribui a Jesus e ao Espírito Santo. Deus se revela, em sua santidade, como uma Trindade de Pessoas divinas.

Com a revelação de Jesus Cristo, o hino três vezes santo de Isaías assume um novo significado. Representa a adoração dos serafins ao Deus três vezes santo no Templo celeste.

* * *

Os oráculos de Isaías falavam de uma visão extraordinária da santidade presente em Deus. Mas a visão de Daniel parecia indicar algo mais. Daniel falou da santidade divina compartilhada com os seres humanos — e de forma tão completa que eles poderiam assumi-la como identidade própria, assim como Deus a assumira! Daniel falou de seres humanos que poderiam ser chamados de "santos".

Em Daniel, temos previsões. No Novo Testamento, a *realização*.

No momento da morte de Jesus, dizem-nos, Jerusalém testemunhou vários fenômenos extraordinários: "E eis que o véu do templo se rasgou em duas partes de alto a baixo, a terra tremeu, as rochas fenderam-se, abriram-se as sepulturas, e muitos corpos de santos [*hagioi*, no texto grego], que tinham adormecido, ressuscitaram, e saindo das sepulturas depois da ressurreição de Jesus, foram à cidade santa, e apareceram a muitos" (Mt 27, 51-53).

Parece que o Templo de Jerusalém, a reserva da santidade de Deus na terra, foi desativado após a morte do Messias, assim como Daniel havia predito. O véu que isolava o lugar santo se rasgou. Então, santos há muito falecidos — literalmente "santos", *hagioi* — foram vistos vagando fora de seus túmulos. Eram profetas, mártires e outros fiéis falecidos durante o período do Antigo Testamento.

Esta é a primeira vez que encontramos o termo no sentido da predição de Daniel, mas está longe de ser a última. A palavra "santos" aparece posteriormente, nos Atos dos Apóstolos, para descrever aqueles que têm fé em Jesus Cristo — aqueles que são membros da Igreja. Quando Deus pede a Ananias que instrua Saulo na fé, Ananias protesta, dizendo: "Senhor, muitos já me falaram deste homem, quantos males fez aos teus santos em Jerusalém" (At 9, 13). Mais tarde, no mesmo capítulo, os cristãos em Lida são duas vezes chamados de "santos" (vv 32 e 41). Perto do fim do livro, Paulo confessa que "encerrou em cárceres muitos santos" (At 26, 10).

Embora a morte do Messias tenha profanado a Cidade Santa, a santidade não desapareceu da terra. Ela agora se manifestava na Igreja — e, mais especificamente, nos membros santos da Igreja.

* * *

Semelhantes expressões de santidade irrompem nas cartas de São Paulo. Em muitas de suas missivas, ele se dirige aos destinatários como santos:

A todos os que estão em Roma, queridos de Deus, chamados a serem santos...
— Romanos 1, 7

À igreja de Deus que está em Corinto, aos fiéis santificados em Jesus Cristo, chamados à santidade...
— 1 Coríntios 1, 2

À igreja de Deus que está em Corinto, e a todos os irmãos santos que estão em toda a Acaia...
— 2 Coríntios 1, 1

Aos santos (que estão em Éfeso) e aos fiéis em Jesus Cristo...
— Efésios 1, 1

A todos os santos em Jesus Cristo, que se acham em Filipos, juntamente com os bispos e diáconos...
— Filipenses 1, 1

Aos irmãos em Cristo, santos e fiéis de Colossos...
— Colossenses 1, 2

As próprias saudações nos dizem muito sobre a doutrina da santidade do Novo Testamento — e seu desenvolvimento a partir dos protótipos.

Para Paulo, *santidade* não é mais um termo reservado a Deus. Agora pertence também aos fiéis.

Santidade é sinônimo de pertença à Igreja. Em Israel o sacerdócio (em sua coletividade) era santo; mas na Igreja a palavra aplica-se a todos, não só aos "bispos e diáconos". Todos aqueles que pertencem à Igreja são "chamados a serem santos" e "santificados". Assim, Paulo mostra que a santidade é algo recebido. Não é obra deles. Alguém os chama e santifica. E esse "alguém" só pode ser Deus, o único que é santo (Ap 15, 4).

À medida que prosseguimos além das saudações, descobrimos mais sobre as qualidades daqueles indivíduos que Paulo ousa chamar de "santos".

De Paulo aprendemos que "o Espírito (...) intercede pelos santos, segundo Deus" (Rm 8, 27); e aprendemos que, quando os santos oram, oram no Espírito Santo: "Fazei continuamente pelo Espírito toda a sorte de orações e de súplicas", diz ele, "rogando por todos os santos" (Ef 6, 18). Aprendemos, além disso, que Cristo habita nos corações de "todos os santos" (Ef 3, 17-18). Assim, os santos — de alguma forma misteriosa — recebem a vida das pessoas divinas da Trindade.

Em 1 Coríntios lemos que os cristãos são, coletivamente, morada da santidade, o Templo; e que o corpo físico de cada cristão — mesmo dos cristãos gentios! — é um templo (6, 19).

Na esfera prática, os santos socorrem uns aos outros (Rm 12, 13) — e ajudam Paulo, seu pastor (Rm 15, 25). Os santos praticam a hospitalidade (Ef 4, 12). Os santos são "todos os que, em qualquer lugar que estejam, invocam o nome de nosso Senhor Jesus Cristo, Senhor deles e nosso". Os santos têm como "tarefa" a "construção do corpo de Cristo" (Ef 4, 12). Suas vidas são caracterizadas por atos virtuosos e pela fuga do vício: "Quanto à fornicação, à impureza, sob qualquer forma, ou à avareza, que disto nem se faça menção entre vós, como convém a santos" (Ef 5, 3). Assim, os corações dos santos podem ser "irrepreensíveis e santos na presença de Deus, nosso Pai, por ocasião da vinda de nosso Senhor Jesus com todos os seus santos!" (1 Ts 3, 13).

Os santos são chamados à esperança porque já conhecem as riquezas da "gloriosa herança" de Cristo (Ef 1, 18). Eles são "concidadãos" de uma cidade celestial e "membros da família de Deus" (Ef 2, 19). A esse respeito, Paulo faz uma distinção importante. No primeiro capítulo de sua Carta aos Colossenses, ele usa quatro vezes o termo "santos". No primeiro caso (versículo 2), dirige-se diretamente aos membros da Igreja em Colossos, e refere-se a eles como santos. Na segunda vez (v. 4), fala dos cristãos em todo o mundo. Na terceira, porém, ele transcendeu a sua habitação terrena e está falando sobre "os santos na luz" (v. 12) — isto é, aqueles cristãos que morreram e cujas almas já residem no céu. Na última menção (v. 26), Paulo parece estar considerando todos os santos, na terra e no céu, como membros de uma comunhão abrangente.

Na vida de todos os santos, Paulo diz, o "mistério [...] que esteve escondido desde a origem às gerações (passadas) [...] agora foi manifestado" (Cl 1, 26). No juízo, Cristo "será a glória dos seus santos e a admiração de todos os fiéis, e vossa também, porque crestes no testemunho que vos demos", porque através do testemunho dos santos o mundo pôde crer no Evangelho (2 Ts 1, 10).

A santidade já não era propriedade coletiva de um povo isolado. Já não estava restrita aos portadores de uma determinada etnia ou aos habitantes de uma "terra santa". Antigamente, explica Paulo, tinha sido assim. Os gentios de então viviam "sem Cristo, sem direito da cidadania em Israel, alheios às alianças, sem esperança da promessa e sem Deus, neste mundo" (Ef 2, 12).

Mas então aconteceu a grande mudança na história, e "agora [que viveis espiritualmente] em Jesus Cristo, vós, que outrora estáveis longe, fostes aproximados pelo sangue de Cristo" (Ef 2, 13). Muita coisa depende daquela pequena preposição "em", que examinaremos mais detalhadamente no próximo capítulo.

* * *

Como Deus, Jesus Cristo é o único "santo" verdadeiro. No entanto, através do seu ministério, veio povoar a terra com "santos". Paulo é muito enfático em relação a isso. Trata-se de uma doutrina que ocupa lugar central no seu anúncio, que é proclamada no início das suas cartas e que será explicitada nas páginas seguintes.

O aparecimento súbito e onipresente de "santos" no Novo Testamento implica uma mudança profunda na vida do povo de Deus na terra. Deus não mudou entre o Antigo e o Novo Testamento. Deus é imutável por toda a eternidade. A diferença parece estar na plenitude de sua autorrevelação: na revelação da sua vida interior trinitária. Contudo, essa revelação não consistiu em apenas dar fatos a conhecer: envolveu a entrega da sua própria vida. O que mudou, e mudou profundamente, foi o relacionamento entre Deus e a humanidade, entre o céu e a terra. Foi essa mudança nas relações que tornou possível a existência de santos.

Mas *como* isso aconteceu? O que o povo de Deus recebeu, na Nova Aliança, que lhes faltava na Antiga?

CAPÍTULO 8

Tornando-nos santos, tornando-nos "deuses"

"Aliança" é a palavra que usamos para descrever o relacionamento de Deus com seu povo escolhido desde o início dos tempos. Ao observar o sábado da criação, Deus fez um juramento e, assim, estabeleceu um vínculo familiar com a humanidade. Ele renovou esta aliança com uma série de mediadores — Noé, Abraão, Moisés e Davi —, cada vez aproximando mais de si sua família terrena, cada vez mais expandindo o alcance da sua misericórdia.

Mas então veio um estranho oráculo por meio do profeta Isaías. Falando de algum misterioso "servo" do Senhor, o profeta pronuncia duas vezes a frase: "Eu te designei para ser a aliança" (Is 42, 6; 49, 8). Esta é uma afirmação estranha e não parece fazer sentido. Poderíamos esperar que o Senhor dissesse: "Fiz *contigo* uma aliança"; ou: "Eu te designei como *mediador* da aliança." Mas a simples identificação de uma pessoa com uma aliança (e vice-versa) não tem precedentes. Jamais diríamos que Moisés ou Davi *eram* alianças, embora ambos tenham servido como mediadores da aliança. Portanto, Isaías está nos preparando para algo diferente — algo em continuidade com o passado, porque é uma aliança, mas, ao mesmo tempo, algo surpreendentemente novo.

O oráculo foi cumprido em Jesus Cristo. Em certo sentido, Cristo é um mediador da aliança e pode ser percebido como continuador de Noé, Abraão, Moisés e Davi. No entanto, Ele é mais — é algo que nenhum dos primeiros mediadores poderia ser. Ele é a aliança à qual tendiam todas as alianças anteriores.[1]

Em Cristo, a aliança agora se estendia além de um grupo eleito e incluía todos na terra, tanto os israelitas como os de outras nações. Em Cristo, Deus apareceu como "o Salvador de todos os homens" (1 Tm 4, 10), pois "deseja que todos os homens se salvem e cheguem ao conhecimento da verdade" (1 Tm 2, 4).

Assim, se "antes estáveis longe, vos tornastes presentes, pelo sangue de Cristo" (Ef 2, 13). Esta reconciliação foi possibilitada pelo sangue de Jesus — sangue derramado na Cruz (cf. Cl 1, 20), sangue partilhado na Eucaristia, que Ele estabeleceu explicitamente como banquete da aliança. Na Última Ceia, disse aos seus Apóstolos: "Este cálice é a Nova Aliança no meu sangue; todas as vezes que o beberdes, fazei-o em memória de mim" (1 Cor 11, 25; Lc 22, 20).

Através da Eucaristia, Ele realizaria e manteria a comunhão com os seus santos.

São Paulo fez a pergunta retórica: "O cálice de bênção, que benzemos, não é a comunhão do

---

1 Hamish F. G. Swanston, *The Community Witness*. Nova York: Sheed and Ward, 1967, p. 69: "Cristo não resume simplesmente a única aliança do Êxodo, mas é a conclusão e personalização de todas as alianças que existiam antes entre Deus e o homem. Cristo, o homem, é o teor da aliança."

sangue de Cristo?" (1 Cor 10, 16). A única resposta possível para os cristãos é: "Claro que sim."

"Participação", "comunhão": estas palavras são uma forma longa da peculiar realidade que domina as cartas de Paulo. Está implícito em uma única e curta preposição: *em*.

Em todos os lugares, Paulo descreve Cristo habitando a Igreja, mas habitando também os cristãos, individualmente (cf. Rm 8, 10; Ef 3, 17-19; Cl 1, 27). O modo mais memorável pelo qual ele descreve esse processo é um tanto pessoal. "Eu vivo, mas já não sou eu; é Cristo que vive em mim. A minha vida presente, na carne, eu a vivo na fé no Filho de Deus, que me amou e se entregou por mim" (Gl 2, 20).

Deus se fez homem para que pudesse habitar entre nós, e essa é uma maravilha que supera todas as expectativas. Mas Paulo deixa claro que a situação é ainda mais maravilhosa. Cristo, de fato, *vive* em nós. Ele vive nos fiéis, e os fiéis vivem "em Cristo". É uma habitação mútua.

Pois é "em Cristo" que os cristãos foram "santificados" — tornados santos, feitos "santos" (1 Cor 1, 2).

Em Cristo "todos reviverão" (1 Cor 15, 22) tanto quanto haviam morrido "em Adão". Os cristãos devem considerar-se "mortos ao pecado, porém vivos para Deus, em Cristo Jesus" (Rm 6, 11). "Porque o salário do pecado é a morte, enquanto o dom de Deus é a vida eterna *em Cristo Jesus*" (Rm 6, 23, grifo do autor).

"Em Cristo", os cristãos são inseparáveis do amor de Deus (Rm 8, 39). "Não há nenhuma condenação para aqueles que estão em Jesus Cristo" (Rm 8, 1). Além disso, não há nada que possa separar os povos da terra uns dos outros. Pois "em Cristo" todos são um: "Já não há judeu nem grego, nem escravo nem livre, nem homem nem mulher, pois todos vós sois um em Cristo Jesus" (Gl 3, 28).

Quando o próprio Paulo fala, ele fala "em Cristo" (2 Cor 2, 17). E todos aqueles que estão "em Cristo" compartilham do "pensamento de Cristo" (Fl 2, 2; 1 Cor 2, 16). Esses são privilégios extraordinários de que a Nova Aliança permite desfrutar.

Aqueles que estavam longe realmente se tornaram presentes. E quão perto estão? Tão perto que agora vivem "em Cristo" e Cristo vive neles. Este é o novo relacionamento trazido pela Nova Aliança.

Paulo recapitula os primeiros estágios da relação de Deus com o homem: criação, êxodo e reino. Pois "todo aquele que está em Cristo é uma nova criatura" (2 Cor 5, 17). Cristo é "nosso cordeiro pascal" (1 Cor 5, 7). Em Cristo fomos santificados para que possamos herdar não apenas o reino de Davi, mas o Reino de Deus (1 Cor 6, 9-11). Na velha ordem, o povo da aliança de Deus viera habitar numa terra terrena prometida. Na nova ordem, porém, os fiéis virão "assentar nos céus, com Cristo Jesus" (Ef 2, 6).

A Nova Aliança concretizou tudo isso ao estabelecer entre Deus e o homem o vínculo familiar mais íntimo possível. As Escrituras a comparam ao casamento e ao vínculo entre pai e filho. Mas ela é ainda mais íntima. A habitação mútua é um relacionamento que, até então, realizara-se apenas em Deus.

* * *

No Evangelho de São João, Jesus exorta as pessoas a viverem "nEle" repetidas vezes:

> Permanecei em mim e eu permanecerei em vós. O ramo não pode dar fruto por si mesmo, se não permanecer na videira. Eu sou a videira; vós, os ramos. Quem permanecer em mim e eu nele, esse dá muito fruto; porque sem mim nada podeis fazer (Jo 15, 4-5).

Neste caso, ele usou a metáfora da videira e do ramo para ilustrar o princípio da habitação mútua. Mas havia outra analogia que Ele preferia e usava com mais frequência: a comparação entre a sua comunhão com os fiéis e a sua comunhão com o Pai.

Ele rezou, por exemplo, "para que todos sejam um, assim como tu, Pai, estás em mim e eu em ti, para que também eles estejam em nós e o mundo creia que tu me enviaste" (Jo 17, 21). Ele prometeu aos seus discípulos: "Naquele dia, conhecereis que estou em meu Pai, e vós em mim e eu em vós" (Jo 14, 20).

O relacionamento principal, então, é a comunhão que Jesus tem com o Pai (cf. Jo 10, 38; 14, 10). Mas ele convidou expressamente seus discípulos a entrar nesta relação através da união consigo. O meio pelo qual isso seria realizado eram os Sacramentos. Jesus deixou isso claro em seu discurso sobre o Pão da Vida: "Quem come a minha carne e bebe o meu sangue permanece em mim e eu nele" (Jo 6, 56).

Esta união sacramental é um elemento essencial — e não incidental — para a salvação. Jesus disse: "Se não comerdes a carne do Filho do Homem, e não beberdes o seu sangue, não tereis a vida em vós mesmos" (Jo 6, 53). Isto corresponde, também, ao que encontramos nas cartas de São Paulo, que contrastava aqueles que vivem "em Cristo" com aqueles que morrem "em Adão". No Evangelho de João, Jesus confirma isto em termos impactantes: "Se alguém não permanecer em mim, será lançado fora, como o ramo. Ele secará e hão de ajuntá-lo e lançá-lo ao fogo, e será queimado" (Jo 15, 6).

* * *

Em Cristo, Deus veio oferecer a salvação a toda a humanidade. Mas o que é a salvação? A definição mais corrente vem das Escrituras: Jesus veio para salvar "o seu povo dos seus pecados" (Mt 1, 21). Isso é verdade, mas não é toda a verdade.

A salvação não consiste em simplesmente salvar-se *de* algo, mas em salvar-se *para* algo. Deus libertou seu povo do pecado para que eles pudessem se tornar seus filhos e filhas. Ele cumpriu a

"redenção" em vista da "adoção" (Rm 8, 23) — "a fim de remir os que estavam sob a Lei, para que recebêssemos a sua adoção" (Gl 4, 5).
Ser salvo do pecado é um pré-requisito. Mas o sentido mais profundo da salvação é a adoção como filhos de Deus. Pressupõe redenção, justificação e todas as outras metáforas propostas por Paulo, João e outros autores do Novo Testamento. No Batismo fomos purificados, mas a limpeza visa a um novo começo:

> Mas um dia apareceu a bondade de Deus, nosso Salvador, e o seu amor para com os homens. E, não por causa de obras de justiça que tivéssemos praticado, mas unicamente em virtude de sua misericórdia, ele nos salvou mediante o batismo da regeneração e renovação, pelo Espírito Santo, que nos foi concedido em profusão, por meio de Cristo, nosso Salvador, para que a justificação obtida por sua graça nos torne, em esperança, herdeiros da vida eterna (Tt 3, 4-7).

> Mas fostes lavados, mas fostes santificados, mas fostes justificados, em nome do Senhor Jesus Cristo e pelo Espírito de nosso Deus (1 Cor 6, 11).

Alguns intérpretes não católicos preferem não tocar nesta realidade. Em vez disso, colocam o foco na justificação — e interpretam a "justiça" segundo os padrões dos tribunais modernos. Ao fazê-lo, porém, ignoram o contexto cultural e religioso das muitas metáforas de São Paulo. A ideia de aliança era extremamente importante para ele (como para todos os judeus do primeiro século): foi a aliança com Deus que constituiu Israel como povo escolhido. A aliança criava um vínculo familiar; e, com a "nova aliança" de Jesus (1 Cor 11, 25), esse vínculo familiar tornara-se imensamente mais forte e mais íntimo. O Batismo fazia com que seres humanos comuns fossem identificados com Jesus. Tornava-os filhos de Deus no eterno Filho de Deus (cf. Gl 3, 26). No Batismo eles se tornavam "participantes da natureza divina" (2 Pe 1, 4).

São Paulo sabia que Deus não se contentava em ser apenas nosso juiz. Ele desejava ser nosso Pai (cf. Ef 1, 5). Essa era (e continua sendo) a própria essência da salvação em Cristo.[2]

> Pois todos os que são conduzidos pelo Espírito de Deus são filhos de Deus. Porquanto não recebestes um espírito de escravidão para viverdes ainda no temor, mas recebestes o espírito de adoção pelo qual clamamos: Abá! Pai! O Espírito mesmo dá testemunho ao nosso espírito de que somos filhos de Deus. E, se filhos, também herdeiros, herdeiros de Deus e coerdeiros de Cristo (Rm 8, 14-17).

* * *

Para os primeiros cristãos, ser salvo era ser adotado como filho de Deus. A palavra deles para esse processo transmitia seu espanto: eles ousaram chamá-lo

---

[2] O. R. Jones, *The Concept of Holiness*, Nova York: Macmillan, 1961, p. 95: "As pessoas santas são aquelas que pertencem à família de Deus... A mesma ideia — a de que ser santo envolve pertencer à família de Deus — está presente em Efésios 1, 4-5: 'Para sermos santos e irrepreensíveis, diante de seus olhos. No seu amor nos predestinou para sermos adotados como filhos.'" Veja também David Vincent Meconi, SJ, *Christ Alive in Me: Living as a Member of the Mystical Body*, Steubenville, OH: Emmaus Road Publishing, 2021.

de *theosis* e *theopoeisis*. Em português, essas palavras geralmente são traduzidas como "deificação" ou "divinização". Literalmente, querem dizer "fazer deuses". Mas por que deveriam os cristãos evitar tais expressões, se o próprio Jesus as usou?

Certa vez, um grupo de oponentes ameaçou Jesus, dizendo: "Não é por causa de alguma boa obra que te queremos apedrejar, mas por uma blasfêmia, porque, sendo homem, te fazes Deus" (Jo 10, 33).

Jesus respondeu: "Não está escrito na vossa Lei: 'Eu disse: Vós sois deuses'?" (Jo 10, 34). Ele estava citando o Salmo 81, mas apenas parcialmente. A frase em sua plenitude diz: "Sois deuses, sois todos filhos do Altíssimo" (Sl 81, 6).

Esta parece ser a sua visão do potencial da humanidade. Ele poderia olhar para uma multidão e conclamá-la: "Sede perfeitos, assim como vosso Pai celeste é perfeito" (Mt 5, 48). Ele foi capaz até mesmo de lançar o desafio a um indivíduo: "Se queres ser perfeito..." (Mt 19, 21).

O que está implícito em João torna-se explícito em Paulo, que fala dos "salvos" em termos divinos e elevados. Os cristãos são filhos de Deus, herdeiros de Deus, glorificados com Cristo (Rm 8, 17; cf. também Gl 4, 7). Por causa de sua associação com Cristo, eles recebem dons que pertencem somente a Deus: "Tudo é vosso: tudo é vosso! Mas vós sois de Cristo, e Cristo é de Deus" (1 Cor 3, 21-23).

No século XI, Santo Anselmo da Cantuária fez a famosa pergunta: *Cur Deus Homo*? Por que Deus se tornou homem?

São João se antecipou à pergunta e a respondeu:

> De tal modo Deus amou o mundo, que lhe deu seu Filho único, para que todo o que nele crer não pereça, mas tenha a vida eterna. Pois Deus não enviou o Filho ao mundo para condená-lo, mas para que o mundo seja salvo por ele (Jo 3, 16-17).

Novamente, quando falamos de "vida eterna", estamos falando de algo que, por natureza, pertence *apenas a Deus*. Vida eterna não é a mesma coisa que "viver para sempre". Portanto, Jesus não promete simplesmente uma salvação do pecado e do seu salário. A vida eterna é a vida que transcende o tempo, que pertence exclusivamente a Deus, mas que a recebemos como nossa quando conhecemos Jesus Cristo. O Salvador nos dá a sua palavra: "Ora, a vida eterna consiste em que conheçam a ti, um só Deus verdadeiro, e a Jesus Cristo que enviaste" (Jo 17, 3).

É por isso que Deus se tornou homem: para nos salvar do pecado, para que pudéssemos ser santos... com a sua santidade. "Aquele que não conheceu o pecado, Deus o fez pecado por nós, para que nele nós nos tornássemos justiça de Deus" (2 Cor 5, 21). Trata-se de uma "troca maravilhosa": "Vós conheceis a bondade de nosso Senhor Jesus Cristo. Sendo rico, se fez pobre por vós, a fim de vos enriquecer por sua pobreza" (2 Cor 8, 9).

É no Batismo que recebemos a vida de Deus — a sua "natureza". Nos outros sacramentos, principalmente na Eucaristia, nós a renovamos. A ela correspondemos, gradualmente, ao longo da vida. "Todos nós temos o rosto descoberto, refletimos como num espelho a glória do Senhor e nos vemos transformados nessa mesma imagem, sempre mais resplandecentes, pela ação do Espírito do Senhor" (2 Cor 3, 18).

Este era o entendimento comum dos primeiros cristãos. Era assim que eles entendiam a salvação, como evidenciam os grandes escritos dos Padres da Igreja. Por volta de 150 d.C., São Justino Mártir juntou fios da doutrina de São Paulo e observou que, em Gênesis, o homem e a mulher "foram feitos como Deus, livres do sofrimento e da morte". Eles eram, portanto, "considerados dignos de se tornarem deuses e de receberem o poder de se tornarem filhos do Altíssimo".[3] Poucos anos depois, Santo Irineu de Lyon falava de Jesus como "o Verbo de Deus [...] que por meio de seu amor transcendente se tornou o que somos, de modo a poder nos levar a ser o que ele mesmo é."[4] Alguns anos depois de Santo Irineu, São Clemente de Alexandria escreveu que "o Verbo de Deus tornou-se homem para que aprendais com o homem como o homem pode tornar-se Deus."[5]

Esses são apenas alguns exemplos que mostram em que os cristãos acreditavam quando a fé era recente. São todos representativos — sem esgotar o tema —, e todos datam do século II. Os Padres

---

3   São Justino Mártir, *Diálogo com Trifão*, 124.
4   Santo Irineu de Lyon, *Contra as heresias*, livro 5, prefácio.
5   São Clemente de Alexandria, *Exortação aos pagãos*, 1.

posteriores, especialmente no Oriente, falaram de modo ainda mais explícito.

A Igreja ainda hoje ensina aquilo que nessa altura ensinava claramente. Veja-se o que o Catecismo da Igreja Católica diz sobre a salvação:

> O Verbo fez-se carne, para nos tornar "participantes da natureza divina": "Pois foi por essa razão que o Verbo Se fez homem, e o Filho de Deus Se fez Filho do Homem: foi para que o homem, entrando em comunhão com o Verbo e recebendo assim a adoção divina, se tornasse filho de Deus." "Porque o Filho de Deus fez-Se homem para nos fazer deuses." O Filho Unigênito de Deus, querendo que fôssemos participantes da sua divindade, assumiu a nossa natureza para que, feito homem, fizesse os homens deuses.[6]

Esse parágrafo compacto é composto quase que somente de citações: das Escrituras (2 Pe 1, 4), de Santo Irineu, de Santo Atanásio e de São Tomás de Aquino. O ensinamento cristão sobre a divinização e deificação é constante e clássico. Na verdade, é a característica que define o que chamamos de cristianismo clássico.

Santidade é a qualidade que diferencia Deus de tudo o mais. É a sua *alteridade*, a sua *transcendência*, a sua *eternidade*. Os objetos terrenos são sagrados apenas por causa de sua proximidade com Deus. Nas Escrituras hebraicas, pessoas individuais não eram descritas como santas. Quando da Encarnação, porém, Deus preencheu essa lacuna —

---

6   CIC, n. 460.

tornando-se o que somos para que possamos nos tornar o que Ele é. Ele compartilhou sua natureza, sua vida, sua carne e seu sangue com todos aqueles a quem salvou.

CAPÍTULO 9

O corpo da santidade

Esta é a salvação: partilhar da vida do Filho de Deus e, assim, conhecer o amor do Pai eterno. Ser salvo é viver como Deus — como "filhos no Filho", para usar uma expressão privilegiada pelos Padres da Igreja. Os cristãos podem chamar Deus de "Pai" porque vivem em Jesus Cristo, o Filho eterno. Eles são filhos de Deus por causa da sua comunhão sacramental com Jesus, da sua mútua habitação.

Dizer que os cristãos são "divinizados" ou "deificados" não é dizer que são "deuses" da mesma forma como Jesus é Deus. Jesus é eterno; eles existem no tempo. Jesus é onipotente, e eles são fracos, exceto na força de Deus (Fl 4, 13). Jesus é onisciente, e mesmo as pessoas mais inteligentes, se comparadas a Ele, não sabem quase nada. No entanto, através do Batismo, Deus concede aos cristãos uma parcela criada de sua glória incriada.

Por meio do Batismo e da Eucaristia, os cristãos participam da santidade da vida divina. Deus parecia ter ordenado o impossível quando disse "sereis santos porque eu sou santo" (Lv 11, 45), uma vez que a santidade de Deus é, por definição, sua alteridade. Na Encarnação Ele cruzou o abismo e, pelo seu sangue, trouxe para perto de si os seus "santos".

São Pedro reedita então o mandamento do Levítico, enfatizando a dimensão moral: "A exemplo da santidade daquele que vos chamou, sede também vós santos em todas as vossas ações, pois está escrito: Sede santos, porque eu sou santo" (1 Pe 1, 15-16).

Foi desse modo que passamos a associar um comportamento exemplar àqueles que são lembrados como "santos". Mas o Novo Testamento usa o termo de uma forma mais inclusiva. Para São Paulo, dizer "os santos" equivale a dizer "a Igreja". "A Igreja" é o mesmo que "os fiéis santificados em Jesus Cristo, chamados à santidade" (1 Cor 1, 2). A palavra grega para igreja é *ekklesia* — literalmente, "assembleia" e, etimologicamente, "aqueles que foram chamados dentre outros". A etimologia é interessante porque implica um chamado à "alteridade". Aqueles que estão na Igreja não são mais os homens, as mulheres ou as crianças que eram antes do Batismo: eles foram separados para o serviço de Deus. Eles são santos, são sagrados.

No entanto, são chamados coletivamente. A noção bíblica de salvação não é individualista. Não envolve apenas "eu e Jesus". Ser salvo não é tão somente ter um relacionamento pessoal com Jesus, mas também um relacionamento comunitário. O que valia no Antigo Testamento vale no Novo: aqueles que são salvos pertencem a Deus por pertencerem ao povo de Deus (1 Jo 1, 3).

Ser santo, então, é estar em comunhão com Deus e com os irmãos santos. São Paulo usou muitas metáforas para descrever essa santidade coletiva dos santos. Comparou-a a um edifício, a um templo e a uma equipe de trabalhadores. Sua metáfora favorita, porém, definitivamente era a do corpo de Cristo.

"Ora, vós sois o corpo de Cristo", disse ele, "e cada um, de sua parte, é um dos seus membros" (1 Cor 12, 27). Aos romanos, explicou: "Pois, como em um só corpo temos muitos membros e cada um dos nossos membros tem diferente função, assim nós, embora sejamos muitos, formamos um só corpo em Cristo, e cada um de nós é membro um do outro" (Rm 12, 4-5).

É na Igreja que ocorre esse habitar *em* e *de* Cristo, e a Igreja é una e indivisível. O Apóstolo disse aos efésios: "Sede um só corpo e um só espírito, assim como fostes chamados pela vossa vocação a uma só esperança" (Ef 4, 4). A unidade é essencial; "todo o corpo — coordenado e unido por conexões que estão ao seu dispor, trabalhando cada um conforme a atividade que lhe é própria — efetua esse crescimento, visando à sua plena edificação na caridade" (Ef 4, 16). Os santos são responsáveis por seus vizinhos, por seus irmãos santos. O seu ministério deve ser para a "construção do corpo de Cristo" (Ef 4, 12).

Este Corpo, que é a Igreja, é católico. É universal. A salvação vem dos judeus, mas é para o mundo inteiro. Paulo deixa isso claro quando diz: "Os gentios são coerdeiros conosco (que somos judeus), são membros do mesmo corpo e participantes da promessa em Jesus Cristo pelo Evangelho" (Ef 3, 6).

É a Eucaristia que concretiza essa unidade e catolicidade. A Eucaristia constrói a Igreja. Novamente aos coríntios, Paulo afirma: "Uma vez que há um único pão, nós, embora sendo muitos, formamos um só corpo, porque todos nós comungamos do mesmo pão" (1 Cor 10, 17). A Eucaristia é o

Corpo de Cristo que faz da Igreja o Corpo de Cristo (1 Cor 11, 24). Os santos, juntos, tornam-se aquilo que consomem.

O Corpo é a Igreja — isso é indiscutível. Jesus Cristo "é a cabeça do corpo, da Igreja" (Cl 11, 18), e a Igreja é constituída por aqueles que Jesus deseja apresentar como "santos, imaculados, irrepreensíveis" (Cl 1, 22). Ele quer que eles sejam como Ele.

São Paulo deixa claro que Jesus não está simplesmente encobrindo os nossos pecados. Ele está capacitando nossa conversão. Por meio de sua habitação em nós — e de nossa habitação nEle —, somos capazes de viver a sua vida, não apenas no céu, mas já aqui na terra. O Apóstolo diz aos colossenses: "Agora me alegro nos sofrimentos suportados por vós. O que falta às tribulações de Cristo, completo na minha carne, por seu corpo que é a Igreja" (Cl 1, 24). Que declaração misteriosa! O que poderia faltar no sacrifício perfeito de Jesus Cristo? O que poderia faltar na oferta "de uma só vez para sempre" (Hb 7, 27) do nosso único mediador (1 Tm 2, 5)?

O que falta é o que Cristo, pensando em nós, quis que faltasse — para que, como membros do seu Corpo, soframos nEle como Ele sofre em nós e soframos como Ele sofreu, por causa da Igreja, que é o seu Corpo.

Cristo previu o dia em que a Igreja seria, como "seu corpo, o receptáculo daquele que enche todas as coisas sob todos os aspectos". Ele previu o dia em que Paulo — e todos os cristãos — iriam corredimir junto a Ele, unindo os seus sofrimentos aos dEle. Este é o propósito da Igreja como seu Corpo: participar não apenas nos frutos da expiação, mas na obra da expiação, como "colaboradores" de Deus (1 Cor 3, 9).

Viver assim "é Cristo" (Fl 1, 21), disse São Paulo, e deste modo todos os cristãos deveriam viver.

Este caminho não é solitário. Chamados a ser santos, somos convidados individualmente — mas individualmente *juntos* — para vivermos com outros no Corpo de Cristo, a Igreja. De fato, é individualmente que vivemos em Cristo e Ele em nós, mas o mesmo se dá coletivamente. Juntos, somos "santos em Jesus Cristo" (Fl 1, 1).

* * *

O bispo anglicano N. T. Wright, grande estudioso do Novo Testamento, enxerga como essa história cobre todo o cânon bíblico. A presença divina abandonou o Templo quando Jerusalém foi saqueada pelos babilônios em 586 a.C. A Arca da Aliança havia desaparecido. Não havia nuvem de glória. Mesmo quando o Templo foi reconstruído, no tempo de Neemias, o Santo dos Santos permaneceu vazio e os fenômenos sobrenaturais não regressaram — embora os profetas tenham predito uma restauração completa. Wright afirma: "Se você perguntasse a um judeu do primeiro século se as promessas de Isaías ou de Ezequiel, Zacarias e Malaquias tinham sido cumpridas, a resposta teria sido óbvia. Claro que YHWH não havia voltado."[1]

Mas as profecias concretizaram-se, porque o corpo de Jesus é o novo Templo da presença do Senhor — e seu corpo é a Igreja. De acordo com Wright,

> a ressurreição do corpo será o cumprimento da promessa de reconstruir o templo — e acontecerá porque os vossos corpos já são o templo renovado. A glória divina retornou, tanto em Jesus como no Espírito...
> Deste ponto de vista é fácil ver por que a visão de Paulo sobre a Igreja é o que é. Quando fala da igreja como templo de Deus, em 1 Cor 3, 2 e 1 Cor 6, esta não é uma imagem aleatória tirada do céu, mas uma imagem intimamente ligada à sua crença geral em que, em Jesus e no Espírito, o Deus de Israel regressou, em pessoa, para redimir o seu povo e habitar no meio deles — e agora, na própria Igreja.[2]

Assim, "o sentido do tema do templo e da habitação do próprio Deus pelo Espírito é, antes de mais nada, a santidade do povo".[3] Esta é "a realidade à qual se voltavam, desde o início, o tabernáculo do deserto e depois o Templo de Jerusalém."[4] A "antiga promessa do retorno de Deus ao Templo será finalmente cumprida — neles e pelo Espírito."[5]

Ser batizado é ser incorporado ao Corpo de Cristo. É ser divinizado, adotado como filho de Deus.

---

1   N. T. Wright, "The Glory Returns: Spirit, Temple and Eschatology in Paul and John", em Chrēstos K. Karakolēs *et al.* (eds.), *The Holy Spirit and the Church according to the New Testament*, Tubinga: Mohr Siebeck, 2016, p. 75.
2   Wright, "The Glory Returns", p. 79.
3   Idem, p. 84.
4   Ibid., p. 81.
5   Ibid., p. 84.

Porém, como disse o teólogo David Fagerberg, "o Batismo não nos deixa em conserva na água benta até o Dia do Juízo".[6] Temos os nossos altos e baixos nesta nova vida. Crescemos ou retrocedemos. A liberdade que Deus nos dá nos permite até mesmo sufocar sua vida em nós, através do pecado mortal deliberado.

A nossa participação na vida divina é uma graça, mas é uma graça recebida e guardada gratuitamente. "Porque somos incorporados a Cristo, mas sob a condição de conservarmos firme até o fim nossa fé dos primeiros dias" (Hb 3, 14).

* * *

A complacência é destrutiva para a salvação. Santo Agostinho o expressou bem, no século V:

> Na terra somos viajantes, sempre em movimento. Isto significa que temos de continuar a avançar... Se estás satisfeito com o que és, já paraste. Se dizes: "tanto já basta", estás perdido. Continua caminhando, seguindo em frente, buscando a meta. Não tentes parar no caminho, nem voltar, nem desviar-te.[7]

Algumas pessoas se recusam a aceitar que temos essa liberdade. Elas acreditam que a salvação é uma

---

6 · David W. Fagerberg, *Liturgical Dogmatics: How Catholic Beliefs Flow from Liturgical Prayer*, São Francisco: Ignatius Press, p. 62.

7 Santo Agostinho, *Sermão* 169.18, em John E. Rotelle, *Augustine Day by Day: Minute Meditations for Every Day Taken from the Writings of Saint Augustine*, Totowa, NJ: Catholic Book Publishing, 1986, p. 17.

condição permanente e não pode ser alterada ou encerrada, nem mesmo pelo pecado grave. São Paulo, no entanto, afirmou repetidamente o contrário. Romanos 11, 22, diz: "Considera, pois, a bondade e a severidade de Deus: severidade para com aqueles que caíram, bondade para contigo, suposto que permaneças fiel a essa bondade; do contrário, também tu serás cortada."

É um aviso bastante assustador, mas as palavras aos gálatas são ainda mais duras: "Já estais separados de Cristo, vós que procurais a justificação pela Lei. Decaístes da graça" (Gl 5, 4). Ele estava falando aos cristãos que haviam aceitado o Evangelho, mas depois deixaram de viver de acordo com as suas exigências — fiéis que, em dado momento, tiveram fé em Cristo, mas depois não conseguiram "permanecer" nEle (cf. Jo 15, 6). Em sua Primeira Carta a Timóteo, Paulo até cita nomes: menciona Himeneu e Alexandre, que "naufragaram na fé" (1 Tm 19, 20).

São Pedro usou termos semelhantes ao falar dos cristãos que haviam caído na heresia, os quais, "renegando assim o Senhor que os resgatou, atrairão sobre si uma ruína repentina" (2 Pe 2, 1).

Esses apóstatas viviam em lugares distantes, como Roma, Galácia e Corinto. Em outras palavras, estavam por toda parte. Aqueles que receberam a graça da fé, mas não a "conservaram", tinham abraçado a fé em vão, disse o Apóstolo (1 Cor 15, 1-2). Paulo até reconhecia que isso poderia acontecer com ele: "Castigo o meu corpo e o mantenho em servidão, de medo de vir eu mesmo a ser excluído depois de eu ter pregado aos outros" (1 Cor 9, 27).

O corpo da santidade

Ser *excluído*. *Abraçar a fé em vão*. *Decair da graça* e ser *separado de Cristo*. Palavras impactantes, mas coerentes e claras. Paulo está falando sobre aqueles que haviam sido salvos — que anteriormente viviam em comunhão com o Corpo de Cristo —, mas que mais tarde escolheram estar separados dEle, pecando gravemente.

Aqueles que não acreditam que a salvação possa ser revogada às vezes apontam para outra passagem de São Paulo: "Pois estou persuadido de que nem a morte, nem a vida, nem os anjos, nem os principados, nem o presente, nem o futuro, nem as potestades, nem as alturas, nem os abismos, nem outra qualquer criatura nos poderá apartar do amor que Deus nos testemunha em Cristo Jesus, nosso Senhor" (Rm 8, 38-39).

O que Paulo quer dizer é o seguinte: o sofrimento não nos separa de Cristo; o sofrimento nos *conforma* a Cristo. Somente o pecado pode nos separar. O Apóstolo insiste em que nem a morte, nem a vida, nem mesmo os anjos podem destruir a nossa união com Deus. Mas ele não diz o mesmo sobre o adultério, o assassinato, o roubo ou a fornicação. Ele não *poderia* dizer isso, porque o pecado mortal é incompatível com a vida divina (cf. 1 Jo 5, 16-17). O pecado não pode coexistir com a santidade de Deus, da qual participamos por meio da nossa salvação.

O significado do que diz Paulo é claro: nada fora de nós pode forçar o fim de nosso relacionamento com Jesus. Somente nós mesmos temos o poder de fazer isso.

Entender que fomos ordenados a "ser perfeitos" e "ser santos" — considerando que "todos pecaram e todos estão privados da glória de Deus" (Rm 3, 23) — pode nos despertar certa preocupação.

No entanto, esta era a doutrina de Jesus Cristo, tal como foi entendida pelos seus primeiros seguidores. O documento cristão mais antigo fora das Escrituras, a *Didaquê*, termina com uma exortação à vigilância (o grifo é meu):

> Preservai o bem de vossas vidas. Não se apaguem as vossas lâmpadas, nem se desafivelem os vossos cintos; mas estejais prontos, pois não sabeis a hora em que nosso Senhor virá [Mt 24, 42]. Mas muitas vezes vos reunireis, buscando as coisas que são próprias de suas almas: *pois todo o tempo de sua fé não lhes aproveitará se não tiverdes alcançado a perfeição no último instante.*

Tal como Hebreus 3, 14 — e tudo o que encontramos nas cartas de São Paulo —, a *Didaquê* exorta a primeira geração de cristãos a lutar pela santidade. Trata-se de uma graça, mas uma graça que deve ser aceita.

* * *

São Paulo presume que o crescimento na santidade é uma parte normal da vida cristã e exige o nosso envolvimento ativo — o nosso consentimento e cooperação. "Oramos por vossa perfeição", diz ele aos coríntios. "Tendei à perfeição" (2 Cor 13, 9-11). A conversão, então, não é um evento pontual em um momento da vida: é um modo de viver.

Ser salvo é glorioso, mas não é a posse final da glória. Deus pretende que prossigamos de glória em glória (cf. 2 Cor 3, 18). Paulo dava um ensino elementar a cristãos recentemente convertidos, mas esperava que, dali por diante, eles prosseguissem — crescessem. Diz: "Eu vos dei leite a beber, e não alimento sólido que ainda não podíeis suportar" (1 Cor 3, 2). Presume-se que um dia poderiam. Ele diz, ainda, aos membros da Igreja romana que presumivelmente tinham sido batizados: "A salvação está mais perto do que quando abraçamos a fé" (Rm 13, 12). Paulo e seus ouvintes, ao que parece, tinham feito um progresso *em direção à sua salvação final*. Eles ainda estavam crescendo em Cristo, como membros do seu corpo.

O Apóstolo falou muitas vezes em "edificar" o Corpo de Cristo (cf. 1 Cor 14, 12; Ef 4, 12). Isso significa que os cristãos devem cultivar a santidade e a justiça em si mesmos e em seus companheiros. Eles devem crescer, orar, estudar, encorajar, corrigir, testemunhar, amar e obedecer. O seu esforço deve ser ininterrupto até a morte, pois eles sabem que "esta é a vontade de Deus: a vossa santificação" (1 Ts 4, 3).

O seu modelo em tudo isto é Jesus Cristo, "o autor e consumador da nossa fé" (Hb 12, 1). Deus se tornou homem e viveu uma vida humana completa para que pudéssemos ver como a santidade se expressa em cada circunstância.

Desde a primeira geração, os cristãos também se voltaram para o exemplo dos santos. São Paulo ousou dizer aos coríntios: "Tornai-vos meus imitadores, como eu o sou de Cristo" (1 Cor 1, 11). Não há arrogância aqui. Há, isso sim, uma consciência viva de sua autoridade na Igreja. Na verdade, ele disse isso duas vezes em uma só carta (cf. também 1 Cor 4, 6). Os santos são aqueles que se esforçam e cumprem sua obrigação de construir o Corpo de Cristo, a Igreja — primeiro, cuidando das suas próprias almas; depois, cuidando da alma de seus próximos.

A exortação de Paulo a edificar o Corpo de Cristo pode parecer intrigante — tão intrigante quanto a afirmação de compensar o que falta no sofrimento de Jesus. O que pode faltar no corpo de Cristo ou em sua ação expiatória? Novamente, falta apenas o que Cristo quis que faltasse para que possamos trabalhar com Ele e trabalhar nEle — assim como Ele trabalha conosco e em nós.

Viver em Cristo, portanto, é viver na Igreja. Crescer espiritualmente é edificar a Igreja.

A Igreja, como povo da aliança de Deus, é uma sociedade, uma comunhão. No entanto, ninguém perde a individualidade neste coletivo. Ao contrário, nós nos tornamos mais perfeitos à medida que crescemos em santidade.[8]

---

[8] Pe. Michael E. Giesler, *How Christ Save Souls—with Us: The Mystery of Co-Redemption*, Steubenville, OH: Emmaus Road Publishing, 2022.

CAPÍTULO 10
Santidade à maneira dEle

O clímax de uma história de mistério ocorre quando o detetive revela o culpado. Uma vez que temos essa informação, passamos a ver tudo o que aconteceu nos capítulos anteriores de outra maneira. Havia pistas e mais pistas, mas não compreendíamos seu sentido. O conhecimento de um motivo dá sentido a ações antes inexplicáveis; comentários aparentemente sem importância de personagens secundários dotam-se, repentinamente, de uma grande significância. Agora, onde antes tínhamos visto apenas episódios díspares e sem relação, vemos uma cadeia de eventos e causas.[1]

Vista integralmente, a Sagrada Escritura funciona assim. Deus é seu principal autor, Aquele que inspirou todos os textos, do Gênesis ao Apocalipse, embora em todos os casos tenha trabalhado com autores instrumentais. São Paulo nos diz que toda a Escritura é "inspirada porDeus [*theopneustos*]" (2 Tm 3, 16). Para Jesus e seus contemporâneos, as Escrituras tinham uma autoridade única. Eram "palavras de vida" (At 7, 38) entregues "pelo ministério dos anjos" (At 7, 53).

As Escrituras são um único livro composto de muitos livros. Ao longo dos séculos — e passando por muitos gêneros literários —, elas contam uma

---

[1] Richard B. Hays, *Reading Backwards: Figural Christology and the Fourfold Gospel Witness*, Waco, TX: Baylor University Press, 2014.

história integrada. Sua trama se desenrola gradativamente, e nela o autor divino revela alguns detalhes e oculta outros. O que acontece nas primeiras páginas antecipa o desfecho e a conclusão do livro.

A Bíblia é única entre os livros porque é o livro escrito por Deus. Mas não deixa de ser um livro e tem as qualidades de outras formas narrativas da literatura.

Para os cristãos, o enredo da Sagrada Escritura é muito claro. A primeira parte (Antigo Testamento) apresenta a expectativa de salvação e de um salvador. A segunda anuncia o cumprimento dessa expectativa em Jesus Cristo.

Esse cumprimento acontece, no entanto, de modo surpreendente. Muitos dos que liam o livro no primeiro século esperavam um tipo diferente de salvador. Esperavam um rei, um guerreiro, um sumo sacerdote — um homem que chegaria com poder e *status*, que venceria com sua força. Jesus chegou com mansidão e venceu com sua morte.

No entanto, sua morte e subsequente ressurreição foram os eventos que deram sentido repentino a muitos episódios e oráculos registrados antes. As Escrituras do Antigo Testamento apresentam "tipos" que antecipam o cumprimento em "antítipos". Os textos anteriores prenunciam a salvação que viria com o advento de Jesus Cristo. Nas palavras do Catecismo, "a tipologia [...] descobre nas obras de Deus, na Antiga Aliança, prefigurações do que o mesmo Deus realizou na plenitude dos tempos, na pessoa do seu Filho encarnado" (CIC, 128).

* * *

Os cristãos não inventaram a leitura tipológica das Escrituras. Na verdade, este padrão foi estabelecido no segundo livro do cânon bíblico. O livro do Êxodo, em muitos pontos, parece retratar os eventos do êxodo de Israel como uma reprise das histórias da criação do Gênesis. Do meio do Mar Vermelho, Israel emerge como uma nova nação (Ex 14, 26--29), assim como em Gênesis o mundo emergiu das caóticas águas primitivas (Gn 1, 1-2).

A confecção das vestes sacerdotais e a construção do tabernáculo voltam a lembrar a narrativa da criação. Em ambos, o trabalho é feito em sete etapas. Em Gênesis estes são marcados como sete dias. No Êxodo, cada estágio é pontuado pela frase "como o Senhor o tinha ordenado a Moisés". No final, Moisés, como Deus, examina o trabalho e o abençoa (Ex 39, 43). Assim como Deus "terminou a sua obra" na criação, Moisés "terminou o trabalho" no tabernáculo (Gn 2, 1-2; Ex 40, 33).

Mais à frente, no cânon bíblico, os profetas leram a Torá tipologicamente. Eles acreditavam que episódios históricos antigos prenunciavam acontecimentos de sua própria época ou do futuro ainda por vir. Viam os eventos redentores como uma nova criação, um novo êxodo e um novo reino.[2]

Jesus cresceu com esse método de interpretação das Escrituras e, por sua vez, o praticou — embora

---

2   Scott Hahn, *Letter and Spirit: From Written Text to Living Word in the Liturgy*, Nova York: Doubleday, 2005, pp. 16-32; James M. Hamilton, *Typology—Understanding the Bible's Promise Shaped Patterns: How Old Testament Expectations Are Fulfilled in Christ*, Grand Rapids, MI: Zondervan, 2022.

com uma diferença: o conhecimento de que Ele mesmo era a realização de cada tipo e de cada oráculo. Ele discerniu tipos de si mesmo na serpente de bronze levantada por Moisés no deserto (Jo 3, 14), no Templo de Jerusalém (Jo 2, 19), nas três noites de Jonas no ventre do peixe (Mt 12, 40) e em muitos outros detalhes do Antigo Testamento. "E começando por Moisés, percorrendo todos os profetas, explicava-lhes o que dele se achava dito em todas as Escrituras" (Lc 24, 27; cf. também 18, 31, 24, 44).

Posteriormente, os cristãos seguiram o modelo do Mestre. Paulo declarou assertivamente: "Adão [...] era um tipo daquele que havia de vir" (Rm 5, 14; cf. também 1 Cor 15, 22, 45). Ele também retratou Jesus como "nosso cordeiro pascal" (1 Cor 5, 7) e a rocha que deu água no Êxodo (1 Cor 10, 4). Pedro viu o Batismo como um antítipo do Dilúvio (cf. 1 Pe 3, 21).

Não deveríamos ficar surpresos, então, ao saber que Jesus se reconheceu nos tipos de *santidade* do Antigo Testamento. Ele revelou que era maior que o sábado, a única coisa declarada "santa" em todo o livro do Gênesis. Revelou que era a perfeição da lei de Moisés (Mt 5, 17), que era a medida da santidade; revelou que era maior que o Templo (Mt 12, 6), que era o local de santidade no reino de Davi.

* * *

Mas a revelação de santidade mais espetacular e concisa do Antigo Testamento está na visão relatada pelo profeta Isaías, que estudamos no capítulo 6:

> No ano da morte do rei Ozias, eu vi o Senhor sentado num trono muito elevado; as franjas de seu manto enchiam o templo. Os serafins se mantinham junto dele. Cada um deles tinha seis asas; com um par de asas velavam a face; com outro cobriam os pés; e, com o terceiro, voavam. Suas vozes se revezavam e diziam: "Santo, santo, santo é o Senhor Deus do universo!" (Is 6, 1-3).

Muitas vezes supõe-se que Isaías teve uma visão que lembrava o palácio do rei de Judá; afinal, ele viu o Senhor entronizado. Assim imaginamos uma sala decorada com ouro e joias, com móveis e magníficos revestimentos de parede.

Mas Isaías também evocou o Templo de Salomão — uma das maravilhas arquitetônicas do mundo antigo. Os filhos de Israel poderiam falar com detalhes sobre o que recordavam de suas peregrinações anuais: as colunas maciças cravejadas de pedras preciosas, a fachada coberta com placas de ouro maciço, as paredes brancas brilhando ao sol, as imagens bordadas de plantas e animais, estrelas e planetas, os portões altos que se abriam para receber os peregrinos, enquanto outros portões permaneciam fechados e proibitivos...

Toda essa imaginação, no entanto, era um equívoco. A visão de Isaías *não* foi do Templo de Jerusalém. As ações que ele testemunhou não correspondiam a eventos terrenos. O Templo que ele viu estava no céu, e a glória três vezes santa que contemplou era realmente misteriosa. Isto nos seria incompreensível, de fato, se o Evangelho não tivesse removido o véu.

No capítulo 12 do Evangelho de São João, Jesus faz um anúncio surpreendente. Prevendo seu sofrimento e morte iminentes, ele diz: "Agora é o juízo deste mundo; agora será lançado fora o príncipe deste mundo. E quando eu for levantado da terra, atrairei todos os homens a mim" (Jo 12, 31--32). Imediatamente após relatar esta predição, João achou necessário esclarecer o sentido das palavras do Senhor: "Dizia, porém, isto significando de que morte havia de morrer" (Jo 12, 33). Caso contrário, seus leitores poderiam se equivocar a respeito de "levantado", achando que a palavra poderia significar "exaltado".

De fato, os ouvintes de Jesus não identificaram que ele estava falando sobre a sua morte. Um Cristo sofredor não correspondia às suas expectativas, e por isso rejeitaram Jesus.

João nota a incredulidade deles e explica-a com duas citações do profeta Isaías. A primeira é esta: "Senhor, quem creu em nossa pregação? E a quem foi revelado o braço do Senhor?" (Jo 12, 38, citando Is 53, 1). Em outras palavras, se não acreditaram em Isaías, por que deveríamos esperar que acreditassem em Jesus? João prossegue imediatamente com outra citação — mas fica muito mais perto do início do livro de Isaías. Com efeito, esta vem da passagem que segue a visão de Isaías do Templo celestial. "Ele cegou-lhes os olhos, endureceu-lhes o coração, para que não vejam com os olhos nem entendam com o coração e se convertam e eu os sare" (Jo 12, 40, citando Is 6, 9-10).

Por fim, para não ficarmos confusos, João acrescenta: "Assim se exprimiu Isaías, quando teve a visão de sua glória e dele falou" (Jo 12, 41).

A passagem começa com a predição de Jesus de que, em breve, "seria levantado" (em grego, *hypsōthēnai*). Em dois outros casos no Evangelho de João, a mesma expressão — "ser levantado" — aparece como descrição da crucificação de Jesus (Jo 3, 14; 8, 28).

O próprio Isaías emprega a frase e, curiosamente, o faz perto da conclusão de seu livro, ao repetir a visão gloriosa do Templo celestial. Ele diz: "Eis que meu Servo prosperará, crescerá, ele se elevará, será exaltado" (Is 52, 13).

Com essas palavras termina o capítulo de Isaías. Mas Isaías não dividiu o seu texto em capítulos. O texto no final do capítulo 52 deve ser lido em continuidade com os versículos do início do capítulo 53 — os versículos que falam do "Servo Sofredor":

> Era desprezado, era a escória da humanidade,
> homem das dores, experimentado nos sofrimentos;
> como aqueles diante dos quais se cobre o rosto,
> era amaldiçoado e não fazíamos caso dele.
> Em verdade, ele tomou sobre si nossas enfermidades,
> e carregou os nossos sofrimentos:
> e nós o reputávamos como um castigado,
> ferido por Deus e humilhado.
> Mas ele foi castigado por nossos crimes,
> e esmagado por nossas iniquidades;

o castigo que nos salva pesou sobre ele;
fomos curados graças às suas chagas (Is 53, 5).

No Evangelho, João parece estar dizendo que a visão gloriosa de Isaías foi uma visão de Jesus. Além disso, ele viu o Senhor não apenas em sua glória pré-encarnada, mas também num momento específico de um futuro distante. Cerca de setecentos anos antes do advento do Salvador, Isaías previu o Senhor "elevado" na Cruz.[3]

Jesus falava a uma multidão que trazia certas convicções a respeito da glória. Associavam-na a poder, riqueza, força, fama e deslumbramento. Os contemporâneos de Jesus, tal como os de Isaías, eram espiritualmente cegos e insensíveis, e, assim como a palavra de Isaías foi rejeitada por Israel, Jesus seria rejeitado pelos judeus.

---

[3] Aprendi esta interpretação do Evangelho de João com meu professor J. Ramsey Michaels, em *The Gospel of John, The New International Commentary on the New Testament*, Grand Rapids, MI; Cambridge, UK: Eerdmans, 2010, pp. 710-11. "A surpreendente afirmação do autor do Evangelho diz que 'o Senhor', ou 'Senhor dos Exércitos', na visão de Isaías, não era outro senão Jesus, que a 'glória' enchendo tanto 'a casa' (ou templo) como 'toda a terra' era a glória de Jesus; consequentemente, quando Isaías falou, estava falando de Jesus... À primeira vista, o comentário de que Isaías viu a glória de Jesus e falou sobre Ele pode parecer referir-se apenas à segunda das duas citações de Isaías... No entanto, o plural, 'estas coisas que Isaías disse', implica que a primeira citação (v. 38) também está em vista."

Mais recentemente, esta surpreendente hipótese foi demonstrada de forma convincente por Daniel J. Brensdel, em *"Isaiah Saw His Glory": The Use of Isaiah 52-53 in John 12*, Berlim/Boston: Walter de Gruyter, 2014. "O comentário de João em 12, 41 assenta, portanto, sobre uma subestrutura exegética e teológica substancial. Inspirado pelas múltiplas conexões entre Isaías 6 e 52-53, João produziu algumas das mais dramáticas inovações cristológicas e históricas da salvação no Novo Testamento. Isaías dissera 'estas coisas' antecipadamente (Is 53, 1 e 6, 10) porque era testemunha profética de uma glória que tanto incluiria rejeição e morte quanto revelaria que seu detentor está incluído na identidade do próprio Yahweh. Para João, a morte de 'Jesus' é a Teofania final'" (p. 133).

Lembremos que o profeta nos informa de que sua visão ocorreu "no ano da morte do rei Ozias" (Is 6, 1). Ele não estava simplesmente localizando o evento em uma linha do tempo para nós; estava também fornecendo um contexto histórico. Ozias (também conhecido como Azarias) foi um rei poderoso e amado por suas realizações. "Fez o bem aos olhos do Senhor" (2 Cr 26, 4). Estendeu o território do reino até onde jamais havia chegado. Construiu um exército poderoso, temido por todos os povos vizinhos. "Sua fama se estendeu ao longe", diz o cronista, "pois Deus fez maravilhas para ajudá-lo a adquirir um grande poder" (2 Cr 26, 15).

E a história não termina aí. Ela continua: "Mas, apenas sentiu-se ele poderoso, seu coração encheu-se de orgulho, para sua desgraça" (2 Cr 26, 16). Empolgado com seu sucesso, Ozias considerou seu o poder que detinha. Não satisfeito com o papel de rei, arrogou-se exercer a atividade sacrificial que competia apenas aos sacerdotes. Lembre-se de que ele entrou no Templo de Jerusalém com a intenção de queimar incenso no altar — um ato que a lei de Moisés proíbe. Mais de oitenta sacerdotes tentaram impedi-lo, e isso enfureceu o rei. Então, em sua ira, Deus o atingiu com a lepra, e ele morreu logo depois.

Foi então que Isaías teve sua visão. No santuário do Templo celestial, ele não vê um rei desgraçado, como Ozias, mas o verdadeiro rei entronizado; e o verdadeiro rei também é sacerdote. Ele é "elevado", oferecendo-se como vítima num sacrifício definitivo.

"Isaías teve a visão de sua glória." Desde a época da Igreja primitiva, esse livro profético tem sido chamado de "Quinto Evangelho". Por quê? Porque, centenas de anos antes de Cristo, Isaías previu que o "sinal" da divindade de Jesus seria uma concepção e nascimento virginais (Is 7, 14). Viu também que o Redentor de Israel seria um servo sofredor, "homem das dores, experimentado nos sofrimentos [...], castigado por nossos crimes, e esmagado por nossas iniquidades" (cf. Is 53).

Isaías viu a glória de Jesus, e o próprio Jesus o confirmou. Os serafins proclamavam a santidade do Senhor, mas o Senhor que eles proclamavam era totalmente desprovido de "graça" e "beleza" (Is 53, 2).

Até a Encarnação — até o Verbo divino se tornar carne —, a santidade não tinha rosto na terra, era uma qualidade associada à presença invisível de Deus. Porém, na pessoa de Jesus Cristo, a santidade se fazia agora visível, e os discípulos do Senhor viram a sua glória (Jo 1, 14), do mesmo modo como Isaías a havia visto muito tempo antes.

Apesar da humildade da aparência do Senhor, Isaías sabia que era indigno da visão. Ele era um homem de lábios impuros. No entanto, Deus é misericordioso e deu a Isaías tudo de que precisava para resistir à visão e, depois, cumprir a sua missão.

Deus se aproximou de Isaías — a glória e a santidade vieram a ele — como Deus vem tantas vezes: num disfarce angustiante.

Havia precedentes para isso. Pense no profeta Elias, que esperou que o Senhor viesse com poder (cf. 1 Rs 19). Veio um vento e destruiu as montanhas, esmigalhando rochas; mas o Senhor não estava no vento. Então veio um terremoto e causou o estrago habitual; mas o Senhor não estava no terremoto. E depois do terremoto houve um incêndio, mas o Senhor não estava no fogo.

Como, enfim, o Senhor apareceu a Elias? Com uma voz mansa e delicada — um pequeno som sussurrante.

Moisés também experimentou o poder do Senhor — através das pragas no Egito, depois nos milagres no deserto e, finalmente, nas irresistíveis manifestações na montanha. Mas a grande revelação a Moisés veio quando se ofereceu em sacrifício: quando ele pediu a Deus que tivesse misericórdia de Israel e, em vez disso, o punisse (Ex 33, 7-23; 34, 5-8).

O que Isaías viu — a cruz de Jesus Cristo — viria a ser o elemento mais embaraçoso do cristianismo. Era uma loucura para os gentios e um obstáculo para os judeus,[4] e tão humilhante que os primeiros cristãos raramente a retratavam em suas obras de arte. Fazer isso seria um convite à zombaria.

Ainda assim, era (e é) o auge da glória. É o sentido de todos os oráculos do Antigo Testamento, o cumprimento de todos os tipos — os reis, os sacerdotes e o poder.

O que é verdadeiramente supremo em Deus, então, não é a sua capacidade de dominar as criaturas, mas o seu amor vivificante. A imagem terrena da vida interior de Deus é Jesus Cristo "levantado"

---

[4] 1 Cor 1, 18-30. São Paulo fala de "escândalo", palavra que etimologicamente significa "pedra de tropeço".

na Cruz. Esta é a lógica inerente ao hino de Cristo na Carta de São Paulo aos Filipenses. Embora o Filho fosse igual ao Pai, Ele "aniquilou-se a si mesmo, assumindo a condição de escravo e [...] tornando-se obediente até a morte, e morte de Cruz. Por isso, Deus o exaltou soberanamente e lhe outorgou o nome que está acima de todos os nomes" (Fl 2, 7-9).

A morte de Jesus é, no tempo, a imagem da vida eterna da Santíssima Trindade. Na Cruz, como no céu, o Filho devolve ao Pai seu dom de amor, sua própria vida. Nada inferior ao amor divino poderia cumprir a aliança (cf. Jo 10, 17-28; Rm 8, 2-4).

Esta verdade fez Santo Agostinho maravilhar-se: "Pois o Senhor reina do alto do madeiro [...]. Com Sua Cruz ele derrotou reis que, vencidos, tiveram aquela mesma cruz marcada em suas testas; e nele se gloriam, porque nele está a sua salvação"[5].

---

5 Santo Agostinho de Hipona, *Exposição sobre o Salmo 96*, 2.

CAPÍTULO 11
Santidade e sacerdócio

Desde a criação de Adão, Deus delegou sacerdotes para serem zeladores de sua santidade. Assim como o Todo-poderoso era "separado" por sua santidade, seus sacerdotes escolhidos eram separados para seu serviço.

Independentemente de qualquer atenção ao tema da santidade, a história da criação fala também do sacerdócio. Mas não podemos entender isso, a menos que saibamos o que é o sacerdócio — e que conheçamos um pouco sobre a cultura religiosa hebraica.

O que é sacerdócio? Muitas vezes os católicos têm uma noção vaga da definição, e muitas vezes ela está errada. Especialmente nos países onde o cristianismo protestante tem uma presença histórica mais forte, os católicos pensam em seu clero como uma classe dirigente. Eles veem os sacerdotes como administradores e, talvez, como pregadores e professores. Mas nenhuma dessas funções é essencial para o sacerdócio. Nas Escrituras e na história cristã, há abundantes evidências de homens que ocuparam o cargo, mas não desempenharam nenhuma dessas funções.

O que é um sacerdote? O que é sacerdócio?

Em todas as religiões antigas, o sacerdócio é um ofício sacrificial. Um sacerdote é alguém que serve como mediador entre Deus e o homem e oferece sacrifícios. No cumprimento deste papel sacrificial, os sacerdotes servem como "administradores dos mistérios de Deus" (1 Cor 4, 1), ousando aproximar-se do Santo, do Outro, para o benefício de indivíduos ou da assembleia.

Os sacerdotes nem sempre eram bons ou gentis. Às vezes eram mais pecadores do que a congregação que representavam. Mas bondade e gentileza não eram requisitos para o trabalho. Os requisitos eram ter vocação e ser ordenado. Deus os separava para representá-lO — a Ele que, por sua natureza divina, é singularmente separado.

Assim, o ofício sacerdotal distinguia-se por costumes e rituais particulares. Havia, por exemplo, formas particulares de falar sobre o trabalho dos sacerdotes, e certas metáforas tradicionais eram aplicadas às suas tarefas. Em muitos lugares, a descrição incluía os verbos hebraicos *a'abad* e *shamar* — "cultivar" e "guardar". Um sacerdote era alguém que trabalhava pelo Santo e o protegia. Apenas os sacerdotes podiam aproximar-se da Arca da Aliança, cuidar dela, oferecer sacrifícios em suas proximidades — e impedir a profanação do santuário.

Mas como esse costume começou? Onde, no cânon bíblico, ocorre a primeira aparição de *'abodah* e *shamar* juntos?

É em Gênesis 2, 15, que fala do sentido e propósito da vida de Adão. Lemos que "o Senhor Deus tomou o homem e o colocou no jardim do Éden, para cultivar o solo e o guardar". "Cultivar" e "guardar" são verbos comuns do dia a dia profissional. Individualmente, aparecem em muitos contextos; mas, quando juntos, denotam o ofício sacerdotal.

O livro do Gênesis apresenta Adão como sacerdote desde o momento da criação. Ele foi criado e ordenado para uma tarefa. Aquilo que nos parece comum — submeter a terra e exercer domínio sobre os animais (cf. Gn 1, 28) — deveria ser um contato constante com a santidade.

Adão era sacerdote, criado para estar próximo de Deus. Foi designado mediador entre a criação e o Criador, entre aquilo que é igual a Adão e o Deus que é totalmente separado. Adão não foi apenas o primeiro humano; ele também foi o sumo sacerdote da humanidade.[1]

Quando Adão peca, é destituído de suas funções. É expulso do santuário do jardim e torna-se ineficaz em assuntos sobrenaturais e divinos. No entanto, nas gerações seguintes vemos um certo esforço da humanidade por recuperar suas funções sacerdotais. Caim e Abel oferecem sacrifício, e o Senhor aceitou o de Abel, afastando-se de seu irmão pecador. Enoque "andou com Deus" (Gn 5, 22-24).

Embora no Êxodo as doze tribos de Israel tenham sido consagradas para tornar-se um "reino de sacerdotes" (Ex 19, 6), elas também caíram — repetidamente — na idolatria e foram destituídas. Por isso uma tribo, a tribo de Levi, foi separada para o serviço sagrado do Senhor (Ex 32, 28-29; Nm 4, 44-55). Mais tarde, apenas uma família daquela tribo seria elegível para o sumo sacerdócio. As coisas não estavam tomando um bom rumo.

---

[1] Cf. John Bergsma, *Jesus and the Old Testament Roots of the Priesthood*, Steubenville, OH: Emmaus Road Publishing, 2021, pp. 8-28.

Os profetas do Antigo Testamento concordaram com os apóstolos do Novo Testamento quando falaram do fracasso do culto sacrificial de Israel. São Pedro falou da lei cerimonial em termos impactantes, como "um jugo que nem nossos pais, nem nós, pudemos suportar" (At 15, 10). "Pois é impossível que o sangue de touros e de carneiros tire pecados" (Hb 10, 4). "Todo sacerdote se ocupa diariamente com o seu ministério e repete inúmeras vezes os mesmos sacrifícios que, todavia, não conseguem apagar os pecados" (Hb 10, 11).

O culto sacrificial do Antigo Testamento quase parece ter sido concebido para a própria derrocada — pois dependia de sacerdotes humanos, invariavelmente fracos e inclinados ao pecado. Os esforços humanos não tinham o poder de restaurar o encargo original da humanidade — mesmo considerando que Deus tenha dado instruções explícitas para esse exercício.

Somente em Cristo, o Novo Adão, o sacerdócio seria restaurado a um povo santo — um povo que participava da natureza de Deus pela graça (2 Pe 1, 4). Desse fato surge a antiga doutrina cristã do "sacerdócio comum", o sacerdócio que é parte de todos os que creem em Jesus Cristo e são batizados.

E qual é, exatamente, o ofício desse sacerdócio original? Se Adão era sacerdote, sua tarefa consistia em oferecer sacrifício. O que ele ofereceu, afinal? Nos capítulos posteriores do Gênesis são claramente descritas algumas ações rituais. Abel oferece um cordeiro e Melquisedec traz pão e vinho como oblação. Mas a terra não tinha altar no tempo de Adão, e nunca o vemos acender uma fogueira ou erguer uma oferenda. Que tipo de sacerdote ele era — mesmo antes da Queda? Onde estava sua oferta?

Deus encarregou Adão a apresentar, como oferta sacerdotal, a terra toda. Essa é a principal razão pela qual o primeiro homem recebeu domínio sobre a criação. Ele deveria cultivá-la e mantê-la, trabalhá-la e guardá-la — '*abad* e *shamar*. Através de sua oração e trabalho, Adão deveria consagrar o mundo a Deus. Toda a sua vida deveria ser um dom sacrificial.

Ele fracassou, e o mesmo aconteceu com todos os sacerdotes entre seus descendentes. A salvação — e a realização humana, de acordo com o plano e propósito de Deus — só poderiam ser concretizadas pelo sacrifício do Novo Adão.

Em sua sagrada Paixão, Jesus entregou-se e não reteve nada. Ele não foi manchado pelo pecado. Era, portanto, o sacerdote perfeito e a vítima perfeita. Quando ofereceu seu Corpo e Sangue em espécies na Última Ceia, empregou uma linguagem que seus companheiros teriam reconhecido como sacerdotal e sacrificial. Sua oblação foi consumada em sua morte na Cruz. Ao caminhar para a crucificação, Ele usava uma túnica sem costura (Jo 19, 23), vestimenta incomum associada apenas aos sacerdotes do Templo de Jerusalém.

*   *   *

Jesus não tinha as credenciais que qualificavam um homem para o sacerdócio em Israel. Não vinha da família de Aarão e não pertencia à tribo de Levi, mas à de Judá. No entanto, falava e agia como sacerdote, e os seus seguidores insistem em reivindicar, para Ele, um sacerdócio não apenas supremo, mas também eterno. O ofício sumo sacerdotal de Jesus Cristo é o tema dominante da Carta aos Hebreus (cf. 2, 17; 3, 1; 4, 14-15; 5, 1 e outros).

O autor de Hebreus prossegue dizendo que "todo pontífice é constituído para oferecer dons e sacrifícios. Portanto, é necessário que ele tenha algo para oferecer" (Hb 8, 3). Na verdade, Cristo subiu ao céu da mesma forma que os sumos sacerdotes da Antiga Aliança subiam o Monte do Templo, e depois ao Templo, e depois ao santuário, e depois ao Santo dos Santos. Ele entrou no santuário do céu não brevemente, como o sumo sacerdote fazia no Yom Kippur, mas eternamente — e entrou não levando sangue de animais, mas seu próprio sangue, seu próprio corpo.

De acordo com o Novo Testamento, sua oferta sacerdotal é um sacrifício definitivo (Rm 6, 10; Hb 7, 27; Hb 10, 10). No entanto, Ele não faz o sacrifício sozinho, mas com todos aqueles que constituem o seu "corpo" — com todos aqueles em sua Igreja. Pois todos os membros da Igreja participam do sacerdócio de Cristo. Jesus restaurou o sacerdócio de Adão, e pelo Batismo os cristãos são capacitados a exercer esse sacerdócio.

Pedro deixa isso claro em suas epístolas. Ele abre a primeira carta com uma reflexão sobre a vocação, dirigindo-se àqueles que foram "eleitos segundo a presciência de Deus Pai e santificados pelo Espírito" (1 Pe 1, 2). Ele não está falando aos líderes da Igreja, mas a congregações inteiras "no Ponto, Galácia, Capadócia, Ásia e Bitínia" (1 Pe 1, 1), e diz-lhes que foram constituídos "um sacerdócio santo, para oferecer vítimas espirituais, agradáveis a Deus, por Jesus Cristo" (1 Pe 2, 5). Pedro prossegue ecoando as frases do livro do Êxodo, chamando esses primeiros cristãos de "uma raça escolhida, um sacerdócio régio, uma nação santa, um povo adquirido para Deus" (1 Pe 2, 9).

Para nós, que lemos essas missivas dois mil anos depois de seu envio, pode parecer que Pedro está afirmando o óbvio. Mas, para os leitores e ouvintes do primeiro século, cada palavra teria parecido incendiária — revolucionária. Tanto judeus como gentios teriam ficado impressionados ao ouvir um judeu étnico dizer que os não judeus pertenciam a "uma raça escolhida [...], um povo adquirido para Deus". Para os judeus, ser a raça escolhida constituía a sua própria identidade — e os gentios estavam muito conscientes disso. Os judeus que não eram levitas também teriam ficado surpresos ao ouvir, duas vezes, alguém chamá-los de membros de uma classe sacerdotal.

No entanto, foi isso mesmo o que Pedro, como primeiro papa, declarou infalivelmente. E ele não era o único a crer nisso. Expressões tipicamente sacerdotais também permeiam outros escritos apostólicos; mas, às vezes, quando lemos com pressupostos modernas, não as percebemos. Para os antigos, termos como "templo", "altar" e "sacrifício" evocavam a atividade dos sacerdotes. Um templo não era um santuário; não era um lugar onde se ia simplesmente sentar e orar. Aqueles que iam ao templo iam oferecer um sacrifício, assistir a um sacrifício ou participar de um sacrifício. Geralmente, tratava-se de uma atividade sangrenta. O sacrifício ainda não havia alcançado seu *status* metafórico. Hoje, falamos de sacrifício quando optamos por não comer o terceiro pedaço de chocolate; porém, para os antigos, muitas vezes envolvia amarrar e abater um animal em cativeiro. Um sacerdote precisaria lutar com sua oferenda, que muitas vezes resistia à lâmina.

* * *

Devemos fazer o maior esforço possível para entrar naquele mundo quando lemos as palavras de São Paulo. Ele escreveu aos romanos: "Eu vos exorto, pois, irmãos, pelas misericórdias de Deus, a oferecerdes vossos corpos em sacrifício vivo, santo, agradável a Deus: é este o vosso culto espiritual" (Rm 12, 1). Ele está pedindo que sejam verdadeiros sacerdotes, como Adão deveria ser, e que apresentem toda a sua vida como oferta. É interessante notar que, apenas alguns anos depois, a congregação que recebeu essas palavras morreria martirizada na primeira perseguição romana.

Paulo encoraja os seus ouvintes a imitarem Cristo, simultaneamente sacerdote e vítima. Aos efésios, como a todos, ele exorta: "Progredi na caridade, segundo o exemplo de Cristo, que nos amou e por nós se entregou a Deus como oferenda e sacrifício de agradável odor" (Ef 5, 2). Mais uma vez, seu "progresso" — a sua própria vida — seria a sua oferta sacerdotal, e eles mesmos deveriam fazer a oblação. Quando esses cristãos distantes enviaram presentes a Paulo, ele os recebeu como se também tivessem sido dados a Deus em sacrifício. "Recebi tudo", disse aos filipenses, "e em abundância. Estou bem provido, depois que recebi de Epafrodito a vossa oferta: foi um suave perfume, um sacrifício que Deus aceita com agrado" (Fl 4, 18).

Estas ofertas vitalícias eram a obra sacerdotal de todos os membros da Igreja. Contudo, não excluem a necessidade do ofício sacerdotal ordenado. Na verdade, Paulo sabia que ocupava tal cargo. Ele se identificou como "ministro de Jesus Cristo entre os pagãos, exercendo a função sagrada[2] do Evangelho de Deus" (Rm 15, 16; cf. também 1 Cor 9, 13-14). No original grego, essas expressões estão repletas de sentido litúrgico (e continuam em seu estilo sacerdotal até o final da frase). Como sabemos por Atos 20 e 1 Coríntios 11, Paulo era um homem que presidia a liturgia da Igreja — a "fração do pão". Embora confessasse que era um pecador e fosse um homem humilde e autodepreciativo, ele sabia também que havia recebido autoridade pela imposição de mãos (At 13, 3), rito pelo qual ele também transmitiu autoridade a outros (2 Tm 1, 6).

Dentro da Igreja primitiva, alguns serviam a Cristo como seus "ministros". Eles ocupavam um cargo público e sacramental, e por isso estavam configurados ao Senhor de maneira particular. Agiam, segundo São Paulo, "na pessoa de

---

2   Isto é, sacerdotal. [N. T.]

Cristo" — *en prosopo Christou*, no original grego da Segunda Carta aos Coríntios, capítulo 2, versículo 10. E esses antigos presbíteros haviam recebido poder para esta tarefa através do Sacramento da Ordem. O sacerdócio comum, porém, era partilhado por todos e recebido no Batismo.

A doutrina de Paulo é implícita, mas consistente e coerente. Cristo faz a sua oferta sumo sacerdotal no céu, mas ela é estendida à Igreja na terra — pelo Espírito — através da hierarquia ministerial. Entretanto, o seu povo sacerdotal oferece as próprias orações e obras em união com o sacrifício celeste-terrestre, e assim estende a santidade de Deus no mundo.

* * *

O livro do Apocalipse emprega imagens vívidas para retratar esse comércio de santidade entre o céu e a terra. Em seus versículos iniciais, São João revelou que Jesus é Aquele "que nos ama, que nos lavou de nossos pecados no seu sangue e que fez de nós um reino de sacerdotes para Deus e seu Pai" (Ap 1, 5-6). Como Pedro, João recordou a linguagem do Êxodo, com o seu reino de sacerdotes.

Repetindo Pedro, João enfatizou que o novo povo de Deus não era apenas Israel, como nos tempos anteriores, mas era agora escolhido "de toda tribo, língua, povo e raça"; deles Jesus fez "para nosso Deus um reino de sacerdotes" (Ap 5, 9-10).

Em suas visões, João viu esse novo povo escolhido em vestes sacerdotais e cumprindo funções sacerdotais. Ele os chamou de "santos" e relatou que suas orações subiam de um altar junto com a fumaça do incenso (Ap 8, 3-4). Tratava-se dos batizados, aqueles que tinham participado da ressurreição de Cristo, e a morte era impotente sobre eles. Ele concluiu: "Serão sacerdotes de Deus e de Cristo: reinarão com ele durante os mil anos" (Ap 20, 6).

A doutrina que encontramos no Novo Testamento foi desdobrada, ao longo dos séculos, pela autoridade docente da Igreja Católica. Assim, o que às vezes esteve implícito em Pedro, Paulo e João está agora explícito no Catecismo da Igreja Católica. Ali, lemos: "Toda a Igreja é um povo sacerdotal. Através do Batismo, todos os fiéis participam do sacerdócio de Cristo. Esta participação é chamada de 'sacerdócio comum dos fiéis'" (CIC, 1591).

Aí o temos, com clareza e brevidade. Porém, na minha opinião, a doutrina encontra a sua expressão mais bela nas palavras da *Lumen gentium*, a constituição dogmática do Concílio Vaticano II sobre a Igreja. Concluirei este capítulo com essa passagem e retomarei o estudo no próximo.

> O supremo e eterno sacerdote Cristo Jesus, querendo também por meio dos leigos continuar o Seu testemunho e serviço, vivifica-o pelo Seu Espírito e sem cessar os incita a toda obra boa e perfeita.
>
> E assim, àqueles que intimamente associou à própria vida e missão, concedeu também participação no seu múnus sacerdotal, a fim de que exerçam um culto espiritual, para glória de Deus e salvação dos homens. Por esta razão, os leigos, enquanto consagrados a Cristo e ungidos no Espírito Santo, têm

uma vocação admirável e são instruídos para que os frutos do Espírito se multipliquem neles cada vez mais abundantemente. Pois todos os seus trabalhos, orações e empreendimentos apostólicos, a vida conjugal e familiar, o trabalho de cada dia, o descanso do espírito e do corpo, se forem feitos no Espírito, e as próprias incomodidades da vida, suportadas com paciência, se tornam em outros tantos sacrifícios espirituais, agradáveis a Deus por Jesus Cristo (cf. 1 Pe 2, 5); sacrifícios estes que são piedosamente oferecidos ao Pai, juntamente com a oblação do corpo do Senhor, na celebração da Eucaristia. E deste modo, os leigos, agindo em toda a parte santamente, como adoradores, consagram a Deus o próprio mundo.[3]

---

3   Concílio Vaticano II, Constituição dogmática *Lumen gentium*, 34.

CAPÍTULO 12

Santidade em Hebreus

No capítulo 3 vimos a súbita explosão de expressões verbais referentes à santidade que ocorre no Antigo Testamento, quando passamos do Gênesis para o livro do Êxodo. Algo semelhante acontece no Novo Testamento com a Carta aos Hebreus.

Há um notável aumento de palavras relacionadas à santidade, mas agora com uma diferença. Desta vez, a santidade pode aplicar-se a indivíduos que participam do vínculo da Nova Aliança — aos membros da Igreja. Eles são "irmãos santos" (Hb 3, 1). Agora, Deus pode "comunicar" sua santidade (Hb 12, 10) a criaturas comuns — até você e eu. Os membros da Igreja recebem a santidade como uma graça, um dom; mas ainda assim devem corresponder à graça de forma ativa e voluntária: "Procurai [...] a santidade, sem a qual ninguém pode ver o Senhor" (Hb 12, 14).

A Carta aos Hebreus fala dos santos tal como foram previstos no livro de Daniel e depois revelados no livro do Apocalipse. Nesta vida eles são a "assembleia festiva dos primeiros inscritos no livro dos céus"; na vida após a morte, serão as "almas dos justos que chegaram à perfeição" (Hb 12, 23).

A carta resolve um antigo enigma sobre a passagem visionária no livro de Isaías. Onde estava o profeta quando viu os serafins cantando "Santo, Santo, Santo"? Ele parece indicar (cf. Is 6, 1) que estava no Santo dos Santos, no Templo, que ficava em Jerusalém. No entanto, ele não poderia entrar no Santo dos Santos — acessível apenas ao sumo sacerdote. Além disso, Isaías viu cenas que ninguém no Templo — nem mesmo o sumo sacerdote — jamais havia visto. Ele viu o trono de Deus; viu serafins — não em imagens representativas, mas como entes reais.

A resposta está implícita nos livros do Antigo Testamento, mas fica clara na Carta aos Hebreus. O livro do Êxodo nos diz que Moisés construiu seu lugar santo terrestre "segundo o modelo" que lhe fora mostrado "no monte" (Ex 25, 40; 26, 30). Da mesma forma, Davi planejou o Templo de Jerusalém com base em um protótipo celestial (1 Cr 28, 19). Assim, o povo da aliança de Deus adorava segundo o padrão dos anjos no céu. A liturgia terrena no tabernáculo (e mais tarde no Templo) era uma imitação, inspirada por Deus, da liturgia angélica.

A Carta aos Hebreus, porém, descreve como Cristo, o Sumo Sacerdote (Hb 7, 26-27), mudou tudo por meio de sua ascensão. Ele entrou no santuário celestial levando seu Corpo e Sangue... e apresentou seu corpo e sangue como oferta perfeita. Somente Ele, como verdadeiro Sumo Sacerdote, poderia entrar no Santo dos Santos celestial — e ao fazê-lo, com as vestes sacerdotais da carne humana, unificou os santuários. Agora, a adoração do povo da Aliança não é mais uma imitação da adoração celeste; sua adoração é conjunta com os anjos do céu.

O texto de Hebreus reconhece que houvera um lugar santo na terra (Hb 9, 2) e um lugar santo no céu (Hb 9, 12). Mas "os meros símbolos das realidades celestes exigiam uma tal purificação" com os "sacrifícios ainda superiores" do Mistério Pascal de Cristo: sua Paixão, Morte, Ressurreição e Ascensão (Hb 9, 23). Sob o sumo sacerdócio celestial de Jesus, o santuário terrestre tornou-se obsoleto. Agora, o céu e a terra participavam juntos do sacrifício definitivo de Jesus Cristo, apresentado eternamente no céu e representado liturgicamente na Igreja, na Eucaristia. Porque "por uma só oblação ele realizou a perfeição definitiva daqueles que recebem a santificação" (Hb 10, 14).

Considerando que Hebreus (como o Êxodo) se ocupa da santidade, seu autor necessariamente se concentra no sacerdócio. Tanto no Antigo como no Novo Testamento, as coisas sagradas são confiadas aos cuidados dos sacerdotes. Em Cristo há uma visível continuidade com as noções de sacerdócio do Antigo Testamento, mas também vemos uma descontinuidade, de modo que a carta apresenta uma reconsideração dos ofícios sacrificiais: "Pois, transferido o sacerdócio, forçoso é que se faça também a mudança da Lei" (Hb 7, 12).

Não é que o ofício sacerdotal tenha sido abolido na Nova Aliança. Pelo contrário, o sacerdócio de Cristo é partilhado entre os "irmãos" santificados de Cristo (Hb 2, 11). Mesmo aqueles que compartilham do sacerdócio comum agora têm "ampla confiança de poder entrar no santuário eterno, em virtude do sangue de Jesus" (Hb 10, 19). Eles podem executar coisas que os sumos sacerdotes da antiga ordem não podiam. Podem se aproximar para ver o que Isaías viu no lugar santo celestial.

* * *

Devemos reconhecer, porém, que nestes tempos modernos há cristãos que não leem a Carta aos Hebreus como os antigos.

Em meados do século XX, o erudito evangélico F. F. Bruce declarou que a Carta aos Hebreus estava "entre os livros mais difíceis do Novo Testamento". Em busca de um princípio unificador, ele optou pelo que chamou de "interioridade da verdadeira religião". De acordo com Bruce, a verdadeira religião, tal como apresentada em Hebreus, não é apenas não litúrgica; é antilitúrgica. Ele afirma: "A verdadeira religião ou adoração de Deus não está ligada a externalidades de qualquer espécie".[1] Outro estudioso evangélico, Ronald Williamson, tomou a afirmação de Bruce como uma premissa e argumentou que não havia qualquer alusão eucarística em Hebreus.[2] O mais forte apoio à sua afirmação era o fato de não haver, em Hebreus, menção explícita ao rito eucarístico.

Proponho, contudo, que a Eucaristia está implícita em todo o texto. Como Stephen Fahrig demonstrou mais recentemente, a leitura de Hebreus é mais proveitosa como uma "homilia eucarística", originalmente proclamada a uma assembleia de fiéis

---

1   F. F Bruce, *Epistle to the Hebrews*. Grand Rapids, MI: Eerdmans, 1990, pp. xi-xii.
2   R. Williamson, "The Eucharist and the Epistle to the Hebrews", *New Testament Studies* 21, 1975, pp. 300-312.

da Nova Aliança.³ Esse é o seu cenário provável —
o que os acadêmicos chamam de *Sitz im Leben*⁴.
A Eucaristia fornece o único contexto que tornaria
o texto inteligível aos seus primeiros leitores, sem
falar nos leitores de hoje.

Não sou o único que pensa assim. No monumental *The New Testament and the People of God*,
N. T. Wright observa quão difundida e central era a
Eucaristia (e o Batismo) na Igreja primitiva:

> É notavelmente claro que estas duas formas básicas da práxis cristã eram igualmente tidas como certas já na década de 50 do primeiro século. Paulo escreve tranquilamente sobre o Batismo como um pressuposto geral, do qual podem ser tiradas conclusões teológicas (Rm 6, 3-11). Ele pode descrever ou aludir à Eucaristia de maneira semelhante (1 Cor 10, 15-22), assumindo (como se lê) que a igreja de Corinto se reúne regularmente para participarem juntos da Ceia do Senhor e passando a argumentar, a partir desse fundamento, sobre o que é e o que não é apropriado.⁵

Na linguagem usada em Hebreus, aqueles primeiros neófitos cristãos passaram pela "iluminação" das abluções cristãs e "saborearam o dom celestial" (cf.

---

3   Stephen D. Fahrig, "The Context of the Text: Reading Hebrews as a Eucharistic Homily" (dissertação de doutorado não publicada, Boston College, 2014).

4   Expressão em língua alemã classicamente empregada na exegese bíblica. Significa "contexto vital" ou "ambiente de recepção", isto é, o contexto concreto e ligado à vida prática em que um texto seria recebido e interpretado por todos aqueles almejados tanto pelo autor humano quanto pelo Autor divino da Bíblia. [N. T.]

5   N. T. Wright, *The New Testament and the People of God*, Minneapolis, MN: Fortress Press, 1992, p. 362.

Hb 6, 4). Essas abluções, continua Wright, "não eram ações estranhas que alguns cristãos talvez realizassem em ocasiões estranhas, mas atos rituais tidos como certos e parte daquela práxis que constituía a cosmovisão cristã primitiva".

A cosmovisão que Wright evoca é a única cosmovisão que torna inteligível a Carta aos Hebreus. O texto apresenta uma visão coerente e abrangente de uma nova e eterna aliança *que é essencialmente* cultual — *essencialmente* litúrgica e sacrificial. No entanto, Wright também flagra uma omissão nesta cosmovisão: "Entre as características marcantes da práxis cristã primitiva, deve-se levar em conta uma coisa que os primeiros cristãos *não* faziam. Ao contrário de todas as outras religiões conhecidas no mundo até então, os cristãos não ofereciam sacrifícios de animais."[6] Essa cosmovisão nova e centrada na adoração é justamente a descoberta de uma leitura eucarística da Nova Aliança em Hebreus, tanto naquela época quanto agora.

A palavra "Eucaristia" não aparece em Hebreus, tampouco termos análogos, como "fração do pão". Mas há uma preponderância de imagens normalmente associadas à liturgia cristã primitiva.

Primeiro, a assembleia é composta daqueles "que foram uma vez iluminados" e "*saborearam o dom celestial*" (Hb 6, 4, grifos meus).

Em segundo lugar, lemos que os fiéis são "santificados uma vez para sempre, pela oblação do *corpo* de Jesus Cristo" (Hb 10, 10).

---

[6] Wright, *The New Testament and the People of God*, p. 363.

Terceiro, a assembleia passou a experimentar o *"sangue* da aspersão, que fala com mais eloquência que o sangue de Abel" (Hb 12, 24).

Quarto, o autor afirma com segurança que a assembleia cristã desfruta de *"um altar* do qual não têm direito de comer os que se empregam no serviço do tabernáculo" (Hb 13, 10).

Além disso, a festa da assembleia é compartilhada não apenas entre os cristãos na terra, mas também entre "miríades de anjos da assembleia festiva" e as "almas dos justos que chegaram à perfeição" (Hb 12, 22-23), "uma grande nuvem de testemunhas" (Hb 12, 1) no céu. O texto descreve a escatologia de um ambiente de culto — uma liturgia simultaneamente celestial e terrena —, e para o cristianismo primitivo isto representava a Eucaristia.

Hebreus também se baseia na tipologia eucarística[7] que se tornaria comum nos primeiros comentários cristãos, na arte e na poesia litúrgica. O autor invoca a oferta de Abel, a bênção sacerdotal de Melquisedec e o juramento de bênção de Deus a Abraão depois que ele ofereceu Isaque.

Esses fatores apontam para a Eucaristia como chave interpretativa para a leitura da homilia conhecida como Carta aos Hebreus.

* * *

---

7   Scott W. Hahn, *Kinship by Covenant: A Canonical Approach to the Fulfillment of God's Saving Promises*, New Haven, CT: Londres: Yale University Press, 2009, pp. 327-31.

No entanto, Bruce e Williamson (e outros) poderiam argumentar que o sentido eucarístico de cada um destes detalhes é contestável. O que permanece inconteste, porém, é o *tema* abrangente da Carta aos Hebreus. O que é evocado com mais frequência no texto é a aliança — e especificamente a *Nova Aliança*. No entanto, isto também é, por si só, uma evidência favorável a uma leitura eucarística de Hebreus. O autor apresenta Jesus como mediador de uma Nova Aliança, uma "aliança melhor", estabelecida pela aspersão ritual de sangue, como havia sido a aliança antiga. Como Sumo Sacerdote *desta* aliança, Jesus oferece seu *Corpo e Sangue* como sacrifício definitivo em nosso favor, numa auto-oferta perpétua. Seu efeito é nada menos que "salvação eterna" (Hb 5, 9), "redenção eterna" (Hb 9, 12), pelo "sangue da aliança eterna" (Hb 13, 20).

A Eucaristia pode, de fato, ser o tema *implícito* de Hebreus, mesmo que o termo nunca seja usado pelo autor, nem por Jesus. O termo "Eucaristia" surge apenas no final do século I (na *Didaquê* e nas cartas de Santo Inácio de Antioquia). Antes disso, o que veio a ser chamado de Eucaristia é o que Jesus originalmente ratificou como a "nova aliança" (Lc 22, 20; 1 Cor 11, 25), ou o "sangue da aliança" (Mt 26, 28; Mc 14, 24), termos bastante familiares ao autor de Hebreus.

Deve-se notar que Hebreus coloca uma ênfase incomum no conceito de "aliança". Pouco mais da metade das ocorrências da palavra *diatheke* no Novo Testamento ocorrem ali (17 de 33). Da mesma forma, das seis referências do Novo Testamento à "nova aliança", quatro ocorrem em Hebreus (em 8, 8; 9, 15; 12, 24; 13, 20). Hebreus também é singular na ênfase que coloca na "aliança" como instituição litúrgica. Essa ênfase pode iluminar o significado do sacrifício de Jesus na Nova Aliança tal qual apresentado em Hebreus, bem como a teologia expiatória do autor.

No antigo Israel, o estabelecimento de alianças — e a sua renovação — consistia essencialmente numa *liturgia*: palavras rituais e atos de sacrifício realizados na presença de Deus. Esta dimensão litúrgica da celebração da aliança aparece frequentemente no Antigo Testamento, em que os sacerdotes e os levitas são mediadores de alianças, agindo em nome de Deus (cf. Nm 6, 22-27). Ao refletir sobre as tradições do Antigo Testamento ligadas ao conceito de "aliança", e sem esquecer a dimensão jurídica, o autor de Hebreus coloca a dimensão litúrgica (ou cultual) em primeiro plano. A mediação em ambas as alianças é principalmente um culto, o âmbito sagrado da liturgia.[8]

Isto fica mais óbvio nos capítulos 8 e 9,[9] onde o autor contrasta duas ordens de aliança: a Antiga (8, 3-9,10) e a Nova (9, 11-28). Ambas as ordens da aliança têm um culto que inclui um sumo sacerdote (8, 1.3; 9, 7.11.25) ou "celebrante" (8, 2.6) que desempenha o ministério (8, 5; 9, 1.6) em um

---

[8] Scott W. Hahn, "From Old to New: 'Covenant' or 'Testament' in Hebrews 9?". *Letter & Spirit* 8, 2013, pp. 13-34.

[9] Sobre o contexto cultual de Hebreus 9, cf. J. Swetnam, "A Suggested Interpretation of Hebrews 9:15-18", *Catholic Biblical Quarterly* 27, 1965: p. 375; J. Behm, *"Diatheke"*, no *Theological Dictionary of the New Testament*, ed. Gerhard Kittel, Grand Rapids, MI: Eerdmans, 1964, vol. 2, pp. 131-32; A. Vanhoye, *Old Testament Priests and the New Priest According to the New Testament*, Front Royal, VA: St. Bede's, 1986, pp. 176-77.

tabernáculo (8, 2.5; 9, 2-3.6.8.11.21), entrando em um lugar santo (8, 2; 9, 2-3.12.24) para oferecer (8, 3; 9, 7, 14.28) o sangue (9, 7.12.14.18-23.25) dos sacrifícios (8, 3-4 / 9,9 / 23 / 26), que purifica (9, 13.14.22-23) e redime (9, 12.15) os adoradores (8, 10; 9, 7.19; 9, 9.14) que tivessem transgredido a lei do culto (8, 4; 9, 19).[10] A mediação em ambas as alianças é principalmente um culto, o âmbito sagrado da liturgia.[11]

* * *

Fora da Carta aos Hebreus, a palavra "aliança" é, como se disse, pouco utilizada — e "nova aliança", ainda menos. Em todas as palavras de Jesus, encontramos apenas um caso em que Ele usa a palavra (e a frase), e a usa para descrever um ato litúrgico específico. Paulo, em sua Primeira Carta aos Coríntios, fornece o registro histórico mais antigo do evento: "Do mesmo modo, depois de haver ceado, [Jesus] tomou também o cálice, dizendo: 'Este cálice é a *Nova Aliança* no meu sangue; todas as vezes que o beberdes, fazei-o em memória de mim'" (1 Cor 11, 25, grifo nosso; cf. também Lc 22, 20). Para Paulo (e Lucas), Jesus ratifica explicitamente o que chama de "nova aliança" ao

---

10   Veja William L. Lane, *Hebrews 9-13*, Word Biblical Commentary 47b, Dallas: Word, 1991, p. 235: "A essência das duas alianças é encontrada em seus aspectos cultuais; o argumento total é desenvolvido em termos de *cultus* [...]. O intérprete deve permanecer aberto à lógica interna do argumento do *cultus*."

11   Scott W. Hahn, "From Old to New: 'Covenant' or 'Testament' in Hebrews 9?", *Letter & Spirit* 8, 2013, pp. 13-34.

instituir o que outros mais tarde chamarão de "Eucaristia"; e também ordena aos apóstolos: "Fazei-o em memória de mim."

Intimamente relacionados, mas ligeiramente diferentes, Mateus e Marcos mostram Jesus usando linguagem sacrificial em suas narrativas institucionais: "Isto é meu sangue, o sangue da Nova Aliança, derramado por muitos homens em remissão dos pecados" (Mt 26, 28; cf. Mc 14, 24). Com estes termos explicitamente cultuais, Jesus iniciou a oferta sacrificial que consumaria no Calvário e ofereceria perpetuamente no céu — como "sacerdote eternamente".

A morte de Jesus foi claramente uma parte essencial do seu sacrifício definitivo, o sacrifício singular e irrepetível da Nova Aliança. Todos os cristãos de todas as épocas concordam neste ponto. Mas pode ser útil perguntarmos: como surgiu esse consenso? O que fez da crucificação de Jesus um sacrifício?

Para nós, formados por milênios de tradição cristã, essa ideia parece evidente; mas, para um judeu do primeiro século, teria soado absurda. Havia apenas um lugar onde se poderia oferecer sacrifícios: a cidade santa de Jerusalém, dentro do Templo sagrado, sobre o altar do sacrifício. No entanto, Jesus foi crucificado fora dos muros da cidade, a uma boa distância do Templo, sem nenhum altar à vista. Mesmo para o observador mais cuidadoso, o sofrimento e a morte de Jesus teriam parecido um acontecimento profano, mais uma execução brutal pelos romanos. Os devotos seguidores de Jesus poderiam ter considerado essa morte um ato de martírio (como a morte dos sete irmãos narrada em 2 Mac 7), mas não um sacrifício.

Há alguns anos, Joseph Ratzinger (o futuro Papa Bento XVI) fez uma observação semelhante:

> Como poderia ocorrer a alguém interpretar a Cruz de Jesus vendo-a como o evento que concretiza o que tinha sido pretendido pelos cultos do mundo, especialmente pelo do Antigo Testamento [...] e nunca fora verdadeiramente alcançado? O que abriu a possibilidade de tão tremenda reformulação deste evento, como a de transferir para esta ocorrência aparentemente muito profana toda a teologia da adoração e do culto do Antigo Testamento?[12]

O que fez da morte de Jesus no Calvário um sacrifício foi a Eucaristia que Ele estabeleceu no Cenáculo — em termos explicitamente sacrificiais — precisamente ao ratificar a Nova Aliança e instituir a Eucaristia com os seus discípulos. Ali Ele fez uma oferta de "corpo" e "sangue". Ele a declarou seu "memorial" (em grego, *anamnesis*; em hebraico, *zikkaron*), termo associado à liturgia sacrificial do Templo. E identificou a sua ação em termos pertencentes a categorias proféticas, mais explicitamente à "nova aliança" do oráculo de Jeremias (Jr 31, 31).

Para Ratzinger, este detalhe do registro bíblico é a chave para a teologia eucarística da Igreja:

> A interpretação da morte de Cristo na Cruz em termos de culto [...] representa o pressuposto interior

---

12 Joseph Ratzinger, *Pilgrim Fellowship of Faith: The Church as Communion*, São Francisco: Ignatius Press, 2005, p. xli.

de toda a teologia eucarística. [...] Um evento inerentemente profano, a execução de um homem pelo método mais cruel e horrível disponível, é descrito como uma liturgia cósmica, como a abertura do céu até então interditado — como a esperada realização do ato a que tudo até então visara e que havia sido buscado em vão por todas as formas de adoração.[13]

Em suma, se pensarmos na Última Ceia apenas como uma refeição, o Calvário é simplesmente uma execução. Porém, se Jesus instituiu a Eucaristia como memorial sacrificial da Nova Aliança, podemos ver de que modo o sacrifício que Ele iniciara no Cenáculo foi consumado no Calvário.

* * *

Ao mesmo tempo, se o que Jesus fez no Cenáculo qualifica a sua crucificação como um sacrifício, podemos ver como, para o autor de Hebreus, a ressurreição e a ascensão de Jesus são o que transforma esse mesmo sacrifício numa liturgia celeste... e num sacramento terreno.

A partir de agora, o corpo de Jesus não só está glorificado no céu, mas também é *comunicável* na terra, o que é exatamente a ação divina do Espírito Santo. Para o autor de Hebreus, o que os "dons e sacrifícios" do Antigo Testamento, "comidas e bebidas", nunca poderiam fazer — isto é, "justificar a consciência daquele que praticava o culto" (Hb 9,

---

[13] Ratzinger, *Pilgrim Fellowship of Faith*, pp. 94-97.

9-10) — é o que agora o nosso Sumo Sacerdote faz por nós na terra, por meio dos "dons e sacrifícios" que ele oferece no céu (Hb 8, 3). Na verdade, esta é a "comida e bebida" da Nova Aliança que partilhamos na Eucaristia: "quanto mais o sangue de Cristo [...] pelo Espírito [...] purificará a nossa consciência das obras mortas para o serviço do Deus vivo" (Hb 9, 14). Deve-se notar, talvez, que Jesus faz isso apenas para aqueles cujas consciências ainda precisam ser purificadas (nós), e não para as "almas dos justos que chegaram à perfeição" (Hb 12, 23).

O que Hebreus nos diz, então?

O sacrifício de Cristo não consiste *simplesmente* em seu sofrimento e sua morte na Cruz, mas em seu ato perfeito de oferecimento de si mesmo a Deus *através* do sofrimento e da morte. Desse modo, em algum momento seu sofrimento e morte se encerram definitivamente, mas não a sua oferta sacerdotal, que Ele continua realizando eternamente no céu, precisamente na sua humanidade divinizada, a mesma que foi crucificada, ressuscitada, ascendeu e está sentada "à direita" de Deus (Hb 10, 12). A humanidade crucificada-glorificada de Cristo encarna assim a Nova Aliança de diversas maneiras.

Em primeiro lugar, dEle é o corpo do nosso Sumo Sacerdote celestial.

Em segundo, o seu corpo é o nosso santuário ("o verdadeiro tabernáculo" não erigido por mãos humanas de Hb 8, 2).

Terceiro, o seu corpo é o sacrifício da Nova Aliança, que constitui a liturgia eterna na Jerusalém celestial (Hb 12, 22-24).

Quarto, é na liturgia celestial que a Eucaristia introduz a Igreja na terra: "[...] *vos aproximastes* [...] da Jerusalém celestial [...] de Jesus, o mediador da Nova Aliança" (Hb 12, 22-24, grifo nosso).

Hebreus, portanto, ecoa os Evangelhos ao proclamar a Nova Aliança — isto é, como Jesus fez da sua morte um sacrifício perfeito e uma liturgia eterna. Assim, quando "fazemos *isto* em memória dEle", participamos do sacrifício de Jesus, ao mesmo tempo que renovamos a nossa aliança com Ele na Eucaristia — como *sacramentum* (palavra latina para o juramento de aliança).

Entramos em sua presença real — pelo Espírito eterno — para adorar ao lado dos anjos e santos na liturgia celestial do Ressuscitado, nosso Sumo Sacerdote-Rei. É a *ação divina* do Espírito Santo que gera a "presença real" de Cristo entre nós — no Sacramento da Eucaristia — como nosso Sumo Sacerdote, nosso Santuário, nosso Sacrifício e nossa Liturgia. Jesus ordenou aos seus discípulos que "fizessem isto em memória (*anamnesis*) de mim", o que implica a participação deles no seu sacrifício sacerdotal. Hebreus mostra-nos como "isto" é feito depois da sua ressurreição e ascensão, quando Jesus enviou o Espírito Santo para que a redenção que realizou tão perfeitamente em nosso favor também pudesse ser aplicada de forma igualmente perfeita e perpétua na Igreja.[14]

---

14 Sua morte não se repete, com certeza; antes, sua auto-oferta sacrificial é representificada... assim na terra como no céu. Como "sacerdote para sempre", o seu sacrifício é "definitivo" — não no sentido de *ter um fim*, mas como a perpetuação da sua oferta celestial e o seu *prolongamento* (ou extensão) até nós na terra. Hebreus nos mostra isso: como Cristo ratificou a Nova Aliança (a Eucaristia) em seu próprio corpo e sangue como sua auto-oferta sacrificial.

As Escrituras da Igreja contêm o registro destas promessas, a princípio apresentadas de modo obscuro no Antigo Testamento, mas esplendorosamente realizadas no Novo. O teólogo A. G. Martimort observou: "A Carta aos Hebreus e o Apocalipse são, para a Igreja, o que o modelo do tabernáculo mostrado no monte (Ex 25, 9) foi para Moisés."[15] E de fato o são; pois nenhum livro bíblico inspirou e informou tanto as liturgias da Igreja como esses dois.

---

15 A. G. Martimort (ed.), *The Church at Prayer*, Collegeville, MN: Liturgical Press, 1992, vol. 1, p. 247.

CAPÍTULO 13

A santidade hoje

No começo de nosso estudo, ousamos olhar para o céu. Embora reconhecêssemos a alteridade de Deus, postamo-nos ao lado do profeta Isaías para absorver toda a força do *mysterium tremendum et fascinans* — mistério terrível, mas fascinante. Esse mistério encontra sua expressão numa palavra repetida três vezes: santo.

Não podemos ver, com os nossos olhos corporais, o que Isaías viu. Só podemos olhar para Isaías e maravilhar-nos com o sentido de sua expressão espantada. Para imaginar o céu, precisamos exigir que nossa imaginação vá além de suas capacidades, pois o céu é aquilo que "os olhos não viram, nem os ouvidos ouviram, nem o coração humano imaginou" (1 Cor 2, 9).

Mas Isaías certamente viu algo, e Jesus revelou o que era. Isaías viu uma crucificação, e os serafins declararam que essa visão era o ápice da santidade: "santo, santo, santo".

O sentido bíblico da santidade está muito longe das ideias comuns hoje. Consideramos a santidade algo bonito — uma pintura com auréolas douradas em todos os personagens principais. Ou pensamos nela como mera perfeição moral; e, no santo, como um filantropo sorridente.

A visão bíblica nos choca, porém, como a santidade deveria chocar. É alheia. É estranha. É inesperada.

David J. A. Clines, o grande lexicógrafo do hebraico bíblico, passou décadas estudando as origens e o significado da palavra *kadosh*. No final, optou por uma definição simples. No Antigo Testamento, santidade "é um termo para o *status* ou qualidade da divindade (ou seja, Deus é santo), e para o que pertence ou está no âmbito da divindade, sejam pessoas ou objetos (por exemplo, sacerdotes santos, templos sagrados)".[1]

A santidade, então, é a propriedade de Deus — e isso é verdade em dois sentidos. É a qualidade característica de Deus, "propriedade" dEle, assim como cabelo castanho e loquacidade são propriedades minhas.

Mas também é correto dizer que o termo é aplicável a qualquer coisa que pertença a Deus — qualquer coisa que seja sua propriedade, no sentido de posse. Assim podemos falar da Santa Igreja, da Santa Missa, do Santo Padre, das Ordens Sagradas e dos dias santos de preceito. Essas coisas são santas porque pertencem a Deus; são propriedade dEle.[2]

---

1 David J. A. Clines, "Alleged Basic Meanings of the Hebrew Verb qdš 'Be Holy': An Exercise in Comparative Hebrew Lexicography", *Vetus Testamentum* 71, 2021, p. 496.

2 Matthias Joseph Scheeben, grande teólogo do século XIX, expressa-o desta forma: "Santidade, de fato, significa a mais alta qualidade da bondade divina, a saber, sua singular e augusta eminência, pureza e retidão. Uma criatura pode ser boa em virtude de sua natureza; e, de fato, toda criatura é boa, procedendo da mão de Deus. [...] Mas a bondade divina é a mais pura e perfeita que se pode imaginar, uma luz que nunca pode ser ofuscada pela menor mancha. Deus é essencialmente o Bem maior e não pode ser separado dele, tanto quanto não pode aniquilar-se. Por isso chamamos Deus de o Único Santo, o Três Vezes Santo, expressando assim a mais elevada prerrogativa de Sua natureza.

"Só seremos, portanto, participantes perfeitos da Natureza Divina quando, pela graça do Espírito Santo, participarmos também de sua santidade. Os Santos Padres identificam esta participação na santidade da Natureza Divina com um

A santidade hoje

Nós também pertencemos a ele e, portanto, somos santos. Nosso Deus é um Deus que se encarnou e suportou voluntariamente e em público a terrível vergonha da tortura. Ele fez isso para participar da nossa vida e do nosso sofrimento e santificá-los.

Guiados pelos desejos da carne, nenhum de nós escolheria seguir nessa direção. No entanto, esse foi o caminho escolhido pelo Deus que é santo — o Deus sobre Quem cantamos: "SÓ vós sois o santo; não tendes similar".

Em Jesus Cristo, a santidade atingiu as profundezas da experiência humana — e, ao fazer isso, Ele santificou o mundo. Ao trabalhar, santificou o trabalho. Ao comer, abençoou nossas refeições. Em sua paixão e morte, transformou até a dor e a morte em algo divino. Deus aproximou-se daqueles que não ousavam aproximar-se dEle; e por isso, a santidade pode ser encontrada agora, não só nos cumes designados das montanhas ou no santuário central do Templo, mas em qualquer lugar onde nos encontremos — em qualquer lugar onde escolhamos voltar-nos para Deus.

---

grande e potente fogo que se apodera da nossa natureza imperfeita, penetra-a, transforma-a e limpa-a de toda impureza e mancha, para que a nossa bondade seja, na medida do possível, tão pura e perfeita quanto a divina. 'Mesmo os tronos e potestades do Céu', diz São Basílio, 'não são santos por natureza. O ferro que está na fornalha não perde a natureza do ferro; e ainda assim, pela união íntima com o fogo, o próprio ferro torna-se ígneo, é penetrado por toda a natureza do fogo e até assume sua cor, calor e poder. Da mesma forma, pela sua união com Deus, os Anjos e as almas dos homens recebem a inoculação e a implantação desta santidade em todo o seu ser. Há uma única diferença: o Espírito Santo é a santidade por natureza, mas a santidade dos anjos e dos homens é uma participação na Sua santidade natural'" (*The Glories of Divine Grace*, Charlotte, NC: TAN Books, 2000, p. 38.

* * *

No Livro do Apocalipse vemos que estamos envolvidos numa grande liturgia cósmica. O céu e a terra unem-se na adoração a Deus, ao Cordeiro e ao Espírito. Tal como o profeta Isaías, o vidente João observa os anjos cantando o hino celestial "Santo, Santo, Santo" — mas agora com uma diferença. Enquanto Isaías viu apenas anjos no coro, João vê anjos e santos cantando como se fossem uma só voz.

Na visão de João, Deus realiza as obras da criação e da redenção através dos atos livres do seu povo sacerdotal, que consagra o mundo a Deus. João vê a história desenrolar-se em imagens de rituais religiosos: anjos derramam o conteúdo de cálices, que castigam os governantes ímpios da terra; os santos cantam hinos para acompanhar a ação. O ponto culminante da história é um banquete sagrado e solene — uma celebração bodas.[3]

Eis uma revelação. Ele transmite informações que de outra forma não poderíamos conhecer — sobre nosso mundo, nosso Deus e sobre nós mesmos.

A visão do Apocalipse bíblico é uma experiência mística, e João, o vidente, a traduz em linguagem simbólica. Ele deixa claro que Deus é singularmente santo: "Só tu és santo" (Ap 15, 4; cf. também 3, 7). O adjetivo "santo" é tão característico de Deus

---

3   Scott W. Hahn, *O banquete do Cordeiro*, Loyola, São Paulo, 2014.

que funciona como seu nome próprio (cf. Ap 4, 8; 16, 5).

Somente Deus é o Santo, e ainda assim há na visão de João uma multidão de homens e mulheres descritos como "santos". Pela graça e condescendência divinas, eles puderam compartilhar de seu nome — e não apenas de seu nome, mas também de seu poder! Eles receberam esse privilégio pelo Batismo (cf. Ap 4, 8; 16, 5). Ostentando vestes e gestos sacerdotais, eles fazem orações que dirigem o curso dos acontecimentos humanos (cf. Ap 5, 8; 8, 3-4). Desse modo, mostram-se concelebrantes de Deus na liturgia cósmica e nos mostram, no nível mais profundo, o que São Paulo quis dizer quando afirmou que "somos operários com Deus" (1 Cor 3, 9).

Todos os membros deste povo sacerdotal — todos os cidadãos desta nação de sacerdotes — são conhecidos por seus frutos. Eles têm "a paciência dos santos, dos fiéis aos mandamentos de Deus e à fé em Jesus" (Ap 14, 12). Foi-lhes dado "revestir-se de linho puríssimo e resplandecente (pois o linho são as boas obras dos santos)" (Ap 19, 8). Como vimos no capítulo anterior, por um movimento do coração eles colocam suas boas obras no altar, e assim Deus santifica cada ação — e desta forma eles consagram o mundo a Ele.

Quando João vê os santos, nota que alguns deles fizeram o mais completo sacrifício: morreram como mártires pela fé (cf. Ap 16, 6; 17, 6; 18, 24). Numa única ação, colocaram toda a sua vida no altar do céu (Ap 6, 9) e ocupam um lugar de honra especial entre os santos.

Mas eles não são os únicos santos. Não são os únicos que trazem ao altar, como oferta sacerdotal, os seus dias.

E isto, creio eu, é o que João gostaria que víssemos em seu Apocalipse. À sua maneira, isso é tão surpreendente e admirável quanto a visão de Isaías; e cobre todo o panorama do trabalho e da experiência humana.

* * *

A jovem mãe trocando fraldas. O jardineiro cortando a grama. O encanador forçando uma chave inglesa. O cozinheiro debruçado sobre o fogão, mexendo uma panela. O jornalista debruçado sobre seu *laptop*, o guitarrista dedilhando seu instrumento. Cada uma dessas ações é uma ação sacerdotal. O berço, o gramado, o encanamento da pia, o fogão, o teclado, o braço da guitarra — cada qual é um altar, e qualquer trabalho honesto oferecido a Deus torna-se expressão da vida sacerdotal que todo cristão batizado compartilha com Jesus, o Sumo Sacerdote.

Certa vez, um repórter perguntou a Santa Teresa de Calcutá — Madre Teresa — como ela se sentia ao ser chamada de "santa viva". Talvez ele esperasse que ela ignorasse o elogio. Mas ela não o fez. Antes, deu uma resposta surpreendente: "Você precisa ser santo na posição que ocupa, e eu preciso ser santa na posição que Deus me deu. Não há nada de extraordinário em ser santo. É simplesmente um dever para você e para mim."[4]

O chamado é universal. A vocação é comum. Devemos ser consagrados — isto é, santos; e, como tal, devemos ser sacerdotes que santificam a própria atividade e abençoam o cantinho do mundo onde passamos os nossos dias — o lugar a que chamamos casa, o lugar onde batemos ponto. Deus está conosco nesses lugares. Ele veio habitar entre nós e trabalhar conosco para que juntos façamos do mundo uma oferta agradável.[5]

Um santo do século XX, Josemaria Escrivá, reconhecia que tal poder parece bom demais para ser verdade. Ele o comparou, muitas vezes, à premissa de um conto de fadas familiar.

> Quantas vezes não tenho falado do mito do rei Midas, que convertia em ouro tudo o que tocava! Podemos

---

4 Ralph Martin, *Called to Holiness: What It Means to Encounter the Living God*, Ann Arbor, MI, Servant Books, 1988, p. 7.

5 Matthias Joseph Scheeben, *The Glories of Divine Grace*, Charlotte, NC: TAN Books, 2000, pp. 38-39: "Entendes agora, querido cristão, com que profundo sentido chamamos a graça de 'santificante'? A graça é santificante não apenas na medida em que através dela obtemos o perdão dos pecados e a força para observar os mandamentos de Deus. Mas também porque através dela a nos-sa alma se torna uma belíssima imagem da bondade e da santidade divinas. [...] No entanto, quão pouco consideramos o grande valor deste dom e a dignidade sobre-humana que ele confere! 'Se o homem tivesse recebido a santidade do Espírito Santo', diz Santo Ambrósio, 'seríamos sem dúvida elevados acima de todos os anjos, mesmo dos mais elevados' (*De Spiritu Sancto* 1, 1, cap. 7). Os Serafins, que tão solenemente louvam a Deus com o Três Vezes Santo, muito apropriadamente nos considerariam com a mais profunda reverência. [...] Todos os verdadeiros cristãos que estão em estado de graça são chamados santos pelo Apóstolo, uma vez que foram santificados nas águas da regeneração pelo poder do Espírito Santo e possuem, por assim dizer, a substância da santidade. Todos nós podemos e devemos tornar-nos santos como eles, se não na mesma medida, não menos real e verdadeiramente, porque somos irmãos e filhos dos santos; somos, na verdade, do Deus Três Vezes Santo."

converter tudo o que tocamos em ouro de méritos sobrenaturais, apesar dos nossos erros pessoais.[6]

Podemos transformar em divino tudo o que é humano, assim como o rei Midas convertia em ouro tudo o que tocava![7]

Nós temos de converter — pelo amor — o trabalho humano, da nossa jornada habitual, em obra de Deus, com alcance eterno.[8]

Tal é o poder das mãos santificadas daqueles que receberam o sacerdócio comum. Até as nossas tristezas, dores e dificuldades invocam a graça sobre o nosso mundo. Tudo o que precisamos fazer é apresentar a oferta.

Mas como fazer isso? Creio que minha resposta seria insuficiente se me limitasse a dizer "sejam santos", como Deus disse aos israelitas. Porque o próprio Senhor fez mais do que falar. Ele lhes entregou uma lei liturgicamente rica e deu ao povo pequenos rituais — normas de piedade — a serem praticados ao longo do dia. Essas orações garantiam que a lembrança de Deus acompanhasse os israelitas aonde quer que fossem, enquanto preparavam as refeições e jantavam, quando iam ao mercado e quando iam para a cama.

* * *

---

6   São Josemaria Escrivá, *Amigos de Deus*, n. 308.
7   São Josemaria Escrivá, *Amigos de Deus*, n. 221.
8   São Josemaria Escrivá, *Forja*, n. 742.

Ao longo dos séculos, essas normas desenvolveram-se num plano de vida, num modo de vida, que o próprio Jesus seguiu de bom grado. Vemos nos Evangelhos que Ele observava zelosamente as normas e costumes do seu povo. Fazia as peregrinações obrigatórias e celebrava as festas religiosas. Rezava espontaneamente e cantava os Salmos com seus amigos. Lia as Escrituras em voz alta. Depositava suas moedas na cesta de coleta e fazia retiros de silêncio.

Ele seguiu os caminhos dos seus antepassados e, ao fazê-lo, mostrou-nos como deveria ser uma vida de santidade: rica em oração, com elementos de oração privada e oração pública, oração silenciosa e oração cantada, oração espontânea e oração litúrgica.

Você terá um plano diferente do meu, embora certamente tenhamos muitos elementos em comum. A oração é a linguagem da santidade e, como toda linguagem, envolve palavras, gestos, posturas e costumes. Os elementos são comuns dentro de uma cultura e compreensíveis a todos; no entanto, para cada pessoa, sua expressão é única.

Depois de dois mil anos de cristianismo, nós — como Jesus! — temos tantas riquezas que podemos até ficar constrangidos. Certos detalhes são obrigatórios, como até Jesus considerou. Devemos assistir à Missa pelo menos aos domingos e dias santos de guarda, embora possamos fazê-lo diariamente, se quisermos. Somos obrigados a nos confessar pelo menos uma vez por ano, embora devêssemos tentar ir ao menos uma vez por mês.

Mas uma lista de obrigações básicas não constitui um mínimo. Precisamos fazer mais para que, como Jesus e os nossos antepassados espirituais, possamos crescer em santidade ao longo de cada dia. Deveríamos começar nossos dias com um oferecimento matinal, uma oração que explicitamente entregue a Deus as horas seguintes. Deveríamos examinar diariamente a nossa consciência, para ter certeza de que estamos vivendo uma vida moral verdadeiramente cristã. Deveríamos praticar a "oração mental" silenciosa e recitar a tradicional "oração vocal". Deveríamos guardar as festas do calendário da Igreja.

Poderíamos preencher o resto da nossa vida de oração com novenas e hinos sagrados, água benta e ícones, rosários e incenso. Nossas devoções podem e devem envolver todos os nossos sentidos — visão, audição, tato, olfato e paladar. À medida que se tornam habituais, essas práticas podem dar foco à nossa mente e, pouco a pouco, santificar toda a nossa experiência de vida.

Através da observação, do estudo, da tentativa e do erro, podemos chegar a um plano de vida que seja totalmente cristão e, ao mesmo tempo, particular.

Um elemento que não devemos omitir é a ajuda de um guia experiente: a direção espiritual é inestimável. Procure descobrir onde você pode recebê-la.

* * *

É na oração que nos aproximamos cada vez mais de Deus e aprofundamos a nossa comunhão com Ele — a nossa semelhança familiar com Jesus Cristo.⁹

Alguns fiéis piedosos podem hesitar diante de tais pensamentos, pois sabem que "o nosso Deus é um fogo devorador" (Hb 12, 29). Eles sabem que Deus é essencialmente distinto e diferente da criação. Como, então, poderia a criação, em sua condição decaída, suportar o mais ínfimo contato com Ele?

A postura bíblica mais adequada, dirão, é o "temor do Senhor". "Quem não vos há de temer, rei dos povos? A vós é devido todo respeito" (Jr 10, 7). O tema é constante nas Escrituras. Jó equiparou a sabedoria ao temor do Senhor (Jó 28, 28). O Rei Davi disse que esse temor é o começo da sabedoria. Salomão disse o mesmo (Pv 1, 7). O temor do Senhor parece ser a única resposta adequada à santidade de Deus, a única atitude que "conduz à vida" (Pr 19, 23).

E isso é verdade não apenas no Antigo Testamento. A marca característica da Igreja primitiva, segundo São Lucas, estava em que ela andava "no temor do Senhor e [na] assistência do Espírito Santo" (At 9, 31).

No entanto, eu diria que nenhum aspecto desse temor é incompatível com a intimidade que Deus nos concedeu e que é, de fato, o sentido exato de sua Encarnação. Deus se tornou como nós para que pudéssemos nos aproximar dEle. São João nos diz: "No amor não há temor. Antes, o perfeito amor lança

---

9 Ralph Martin, *The Fulfillment of All Desire: A Guidebook for the Journey to God Based on the Wisdom of the Saints*. Steubenville, Emmaus Road Publishing, 2006; Pe. Thomas Acklin e Pe. Boniface Hicks, *Personal Prayer: A Guide for Receiving the Father's Love*. Steubenville, Emmaus Road Publishing, 2020.

fora o temor, porque o temor envolve castigo, e quem teme não é perfeito no amor" (1 Jo 4, 18).

No entanto, ainda existe algo semelhante ao temor. Em meu amor por minha esposa, vejo um reflexo disso: depois de mais de quarenta anos de casamento, ainda tenho medo de decepcioná-la — não porque ela me puniria, mas porque seu descontentamento me desagrada mais do que qualquer outra coisa no mundo: mais do que a dor física, mais do que a perda material. As crianças sentem-se assim em relação aos pais ou a outros adultos que amam. Pela minha experiência, uma criança pequena chorará se o avô levantar a voz, mesmo que só um pouco.

No amor verdadeiro há um elemento de admiração, maravilhamento e pequenez na presença de algo muito maior. Existe um medo não do outro, mas de *não conseguir amar bem o outro*. No caso de Deus, essa alteridade é absoluta, e por isso o medo em nós pode ser grande — de fato, essa grandeza é uma virtude.

O temor do Senhor é correto. É adequado. Ele nos leva à gratidão pela misericórdia que nos foi concedida. Aprendemos nas Sagradas Escrituras que Adão e Eva foram expulsos do santuário do Jardim e mantidos lá fora por uma espada de fogo; mas novas abordagens à santidade foram reveladas aos seus descendentes, preparados ao longo do tempo para uma salvação que ia além das suas esperanças e imaginações.

Deus não só nos perdoou, mas também nos adotou; não só nos adotou, mas compartilhou sua natureza conosco; não só nos abençoou, mas nos tornou sacerdotes de sua bênção e administradores de sua santidade. Ele ordenou que fôssemos perfeitos como Ele é perfeito, misericordiosos como Ele é misericordioso, santos como Ele é santo — e nos capacitou a cumprir essa ordem.

As vozes se revezavam e diziam: "Santo, Santo, Santo é o Senhor Deus do universo; a terra inteira proclama a sua glória!"

Que cheguemos, em nossa vida, a ver isso... e possamos dizê-lo uns aos outros.

APÊNDICE

"Santos" nos livros deuterocanônicos

Como mencionei no início, ao escrever este livro contraí uma dívida com os princípios estabelecidos por um estudioso incomparável: o rabino Joshua Berman. Berman extrai seus dados das Escrituras hebraicas, livros que desde a antiguidade são reconhecidos pelos judeus como canônicos.

Embora muitas pessoas usem os termos "Bíblia Hebraica" e "Antigo Testamento" como equivalentes, eles não são. O cânon bíblico usado pelos judeus desde pelo menos o século II difere significativamente dos cânones anteriores usados pelos judeus — a Bíblia traduzida pelos judeus no Egito, por exemplo, que era conhecida como Septuaginta. Foi esta tradução que os primeiros cristãos aceitaram como seu Antigo Testamento, e esse cânon ainda é reconhecido por muitos cristãos hoje, incluindo a Igreja Católica. Contém sete livros que não aparecem na Bíblia Hebraica: Tobias, Judite, Baruc, Eclesiástico, Primeiro e Segundo Macabeus e Sabedoria. Esses livros são conhecidos coletivamente como deuterocanônicos, do grego *deuteros* (de acordo com) e *kanon* (regra).

É fácil ver por que alguns judeus não aceitaram estes livros. Não temos versões hebraicas para alguns deles; portanto, podem ter sido compostos originalmente em grego. Além disso, a sua cultura espiritual representa uma mudança em relação à dos profetas — uma inclinação em direção a crenças e práticas que, um pouco mais tarde, surgiriam como marcas distintivas do cristianismo.

Nos livros deuterocanônicos há uma espiritualidade do martírio estranha à religião israelita anterior. Os cristãos costumam citar o patriarca Abel, filho de Adão, como prenúncio de um mártir cristão. Mas na verdade ele não preenche os requisitos: foi assassinado por inveja do irmão, que praticava a mesma religião. A tradição posterior nos diz que alguns dos profetas morreram por *odium fidei* (ódio à fé), e isso provavelmente é verdade, mas as histórias de suas mortes se notabilizam por sua ausência no registro bíblico.

Os livros deuterocanônicos divergem no grau de detalhamento da morte de mártires específicos, bem como em suas ricas reflexões sobre o martírio em geral. O livro da Sabedoria retrata certo "homem justo" como exemplo de pessoa perseguida por causa da fé. Seus inimigos conspiram para matá-lo, dizendo: "Cerquemos o justo, porque ele nos incomoda; é contrário às nossas ações; ele nos censura por violar a lei e nos acusa de contrariar a nossa educação" (Sb 2, 12). A vítima-mártir inflama os seus perseguidores ao afirmar "ter Deus por pai" (Sb 2, 16), por dizer-se "filho do Senhor" (Sb 2, 13) e "filho de Deus" (Sb 2, 18). O homem justo é então condenado a uma "morte infame" (Sb 2, 20).

Assim encontramos, numa curta passagem, uma linguagem que parece violar as convenções dos livros anteriores do Antigo Testamento. Um homem é chamado de "filho de Deus" e é celebrado por sua aparente derrota, seu martírio.

Os outros livros deuterocanônicos seguem o exemplo no tratamento do martírio (cf. 1 Mac 1, 62-63) e da filiação divina (cf. 2 Mac 6, 18-31; 7, 1-42).

Esses livros também diferem em outros aspectos significativos. Falam, por exemplo, sobre a vida após a morte, um assunto sobre o qual a Bíblia Hebraica é praticamente silenciosa.

O mais relevante para o nosso estudo é o uso deuterocanônico da palavra "santo" ou "sagrado". Ela aparece em vários livros — e no sentido incomum que observamos no livro de Daniel. Em Tobias, o personagem Raguel convoca os "santos" para bendizerem ao Senhor (Tb 8, 15). Mais adiante no livro, o companheiro de Tobit se identifica como o anjo Rafael, que apresenta "as orações dos santos" a Deus "o Santo" (Tb 12). O livro da Sabedoria usa a palavra "santo" da mesma maneira (Sb 5, 5 e 18, 9), assim como os livros dos Macabeus (1 Mac 7, 17).

Na verdade, todos estes termos incomuns parecem convergir. Os autores inspirados aparentam usá-los de forma intercambiável. Um "santo" é o mesmo que um "filho de Deus": "Como, pois, é ele do número dos filhos de Deus, e como está seu lugar entre os santos?" (Sb 5, 5). Um santo é o mesmo que um mártir: "Entregaram (aos animais) a carne dos teus santos; derramaram o seu sangue ao redor de Jerusalém, sem haver quem os sepultasse" (1 Mac 7, 17).

Estas diferenças no deuterocânon certamente explicam o desconforto dos primeiros rabinos.

É inegável que os livros são, em muitos aspectos, consoantes e contínuos com a herança de Israel — e ainda assim parecem também ser (quase) cristãos. Eles são uma ponte explicativa "entre os testamentos".

Como já vimos nos capítulos anteriores de nosso estudo, durante milênios Deus preparou o seu povo para a salvação. A cada etapa surgiam novos desenvolvimentos. O espírito da religião mosaica diferia em aspectos importantes do espírito da religião patriarcal. A religião do reino, por sua vez, diferia em aspectos importantes de suas antecedentes.

Os Padres da Igreja consideraram que os livros deuterocanônicos estavam em continuidade com a religião de Israel, mas desenvolvendo-se claramente na direção de sua plena realização. Eles eram — e são — um segmento importante na linha do tempo da história salvífica. A Igreja primitiva julgou-os inspirados por Deus, assim como alguns judeus ainda mais antigos. A Igreja Católica nunca rejeitou essa tradição da religião bíblica.

Lidos segundo uma perspectiva cristã, os livros deuterocanônicos confirmam a veracidade da tese do rabino Berman. Eles nos mostram Israel à beira da salvação e da plena realização em Jesus Cristo.

Direção geral
Renata Ferlin Sugai

Direção editorial
Hugo Langone

Produção editorial
Juliana Amato
Gabriela Haeitmann
Ronaldo Vasconcelos
Roberto Martins

Capa
Gabriela Haeitmann

Diagramação
Sérgio Ramalho

ESTE LIVRO ACABOU DE SE IMPRIMIR
A 29 DE ABRIL DE 2024,
EM PAPEL IVORY SLIM 65 g/m^2.

Impressão e Acabamento | Gráfica Viena
Todo papel desta obra possui certificação FSC® do fabricante.
Produzido conforme melhores práticas de gestão ambiental (ISO 14001)
www.graficaviena.com.br